예레미야여,

당신의 눈물이여

예레미야여,
당신의 눈물이여

유행열 지음

한들출판사

서 문

예언서의 말씀을 대할 때마다
아침 풀잎에 내린 이슬처럼 싱그러웠다.
특히 예레미야를 읽으며
가히 천재적인 통찰력에 감탄하고
풍성한 감성에 점점 빨려 든다.

살아 숨쉬는 듯 고조되는
말씀의 호소에 가슴이 저미는 것은 웬일일가?

예레미야의 눈물은 무엇인가?
절망과 고독에서 그의 눈에 고인 눈물의 의미를
차마 감당하지 못하여
어찌할 줄 모르는 나의 시선
불민한 나의 감수성이 이르지 못한 경지다.

하나님과 그 백성의 사이에 끼어
우수에 젖은 예언자의 절절한 심정
오늘도 내 심령을 깨운다.

강산이 세 번이나 바뀌면서
선지동산에 공거하여 지나간 날들
변변치 않은 글로 마감할 시점이 되었다.
순간마다 따뜻한 은총의 자리였음을 고백하며
나를 사랑하시는 하나님께 두 손 모아 감사를 드린다.

나와 주고받은 수많은 미소
이제는 내가 가는 곳 어디서든 살아나
새로운 활력으로 다가올 것이다
어찌 그들이 잊어지랴
삼가 사랑한다고 전하며 미소를 보낸다.

차 례

예레미야 애가

예레미야를 시작하며

I. 예레미야의 인물, 연대, 활동 지역

예레미야는 책에 소개된 것처럼 아나돗(Anathoth)에서 제사장의 아들로 태어난다(1:1; 11:21; 29:27; 32:7-9). 그가 태어난 때는 주전 7세기 중엽으로 아나돗은 예루살렘으로부터 동북방 약 20여리가 곳이다. 그는 제사장의 아들이었지만 제사장은 아니었으며 평생을 독신으로 살아간다(16:1-2). 그는 심오한 영적인 통찰력으로 백성들에게 임하여 시대를 꿰뚫는 절절한 예언을 전한 사람이다. 뿐만 아니라 그는 죽음의 위협을 당하면서도 굴하지 않고 용기와 정열로 하나님의 뜻을 과감하게 전하는 것을 보면 상상키 어려운 강자였다. 그러면서도 연약한 인간의 심성을 가진 정적인 사람이었다.

그는 주전 626년 요시야 왕 13년에 젊은 나이로 예언자의 소명을 받았다(1장). 다만 그의 예언활동이 어디로부터 시작하여 지속되는지는 확연하게 말할 수는 없다. 처음 어록들이 유다와 예루살렘 백성을 향한 것임을 감안하면 활동의 영역이 예루살렘을 중심으로

이루어졌다고 볼 수 있다. 그의 활동 시기를 크게 나누어 보면,

첫째로 요시야 왕의 시대로 이는 소명 당시(주전 627년)부터 그의 종교개혁(주전 621년),
둘째로 여호야김 왕의 시대로 주전 608년에서 604년,
셋째로 시드기야 왕의 시대로 주전 597년에서 587년,
넷째로 예루살렘 멸망 후부터 애굽으로 간 때까지이다.

II. 역사적 상황

북왕국이 이미 망하고 남왕국마저 위협적인 외세에 휩싸여 허약한 처지에 있었다. 예루살렘이 막다른 내리막길로 치닫는 모습은 다윗왕조의 찬란하고도 성대한 때에 비추어 볼 때에 한탄스런 일이 아닐 수 없다.

백성들의 신앙은 어느 사이에 흔적 없이 사라진 듯 이방신을 따르며 자연종교의 영향권에서 벗어나지 못한다. 이러한 처지에서 예레미야는 백성을 향해 야훼께로 돌아오라고 강하게 요구한다. 만약 이스라엘이 회개의 요구를 받아들이지 않으면 북으로부터 외세의 침략이 있다는 심판의 말을 선포한다. 그는 당초 계약전승에서 성장한 사람이었지만 회개를 역설함으로써 위기를 극복할 수 있다고 한다. 민족의 온갖 문제가 오직 회개한 백성일 때에 해결되고 약속의 미래를 바라 볼 수 있다고 한다(3:1-4; 4장; 30장 이하 참조). 이로써 요시야의 개혁의 길을 예비했다고 볼 수 있다.

가히 구약의 종교개혁자라 할 만한 요시야 왕은 앗시리아의 퇴락 조짐을 간파하고 새로운 계기로 삼는다. 그에게 앗시리리아의 굴레를 벗는 것은 첫째가는 숙원이었다. 먼 세력을 손잡아 가까운 적

을 극복하려는 심산이었다. 바벨론과 함께 앗시리아를 대항하려던 차에 애굽의 바로 느고가 군사를 이끌고 와서 므깃도에서 대판 싸움을 벌이게 되었다. 그러나 애석하게도 요시야는 이 싸움에서 패하고 죽음을 면치 못한다. 이로써 그가 추진하던 원대한 종교개혁적 조치들이 수포로 돌아가고 만다. 만약에 그의 모든 계획이 성공적으로 이루어 졌다면 예루살렘과 유다는 새로운 힘을 얻었을지 모른다. 그러나 이 참신한 인물은 허무하게 사라지고 국내 정세는 급격하게 악화된다.

예루살렘은 이제 한 낱 힘없는 외세에 좌우되는 허약한 처지가 되었다. 나라가 이처럼 말로에 들어서기까지는 그 만한 이유가 있었다. 이스라엘의 종교는 급격하게 이교화 되고 온갖 제도와 문화 등 전반적인 사회가 뒤범벅이 되었다. 야훼의 종교는 순수성을 상실하고 유물론적이며 감각주의에 흘러 바알의 자연종교와 섞이고 만다.

요시야를 물리친 애굽의 바로 왕인 느고는 주전 608년에 백성들 생각과는 상관없이 여호야김을 왕으로 세운다. 그의 정치는 한마디로 횡포하기 그지없었고 이로 인해 예언자는 맹렬한 공격을 하다 보니 자연히 왕과 예언자의 사이가 극도로 악화된다(22:13-19). 여기에 더해 예언자와 제사장의 관계도 긴장이 고조된다. 예레미야는 번제, 희생, 성전 등에 대한 백성들의 맹목적인 신뢰를 공격한다.

그의 이러한 행동은 당시의 제도권에 대한 정면 도전이 아닐 수 없었다. 이성과 신앙을 잃어버린 폐쇄적인 사회에서 예언자의 참된 촉구가 용납될 수 없었다. 결과적으로 예레미야는 신성모독 죄로 고발되며 생명의 위협을 받게 된다(18:18; 20:10). 그는 제사장들에게 구타를 당하고 감금되기도 한다(20:1 이하). 심지어 그의 가까운 친척들도 그를 이해하지 못하고 적대하며 생명을 위협한다(11:18 이하). 그야말로 사고무친이 되고 만다.

이러한 사면초가의 소외와 압박 속에서 그가 느낀 것은 철저한 절망과 좌절 그리고 고독이었다. 그가 갈 곳은 하나님 밖에 다른 곳이 없었다. 이러한 극도의 고립 상황에서 나온 것이 "고백록"(12:1 이하; 15:10 이하; 16:1 이하; 20:7 이하)과 "변명 기도"(11:18 이하; 17:12 이하; 18:19 이하)라고 할 수 있다.

주전 605년 바벨론과 애굽의 전쟁에서 바벨론이 승리하였다. 이제 예루살렘의 위협은 애굽이 아닌 북쪽의 바벨론으로 현실화된다. 이런 사실이 예레미야의 예언으로 증명되고 백성들 앞에서 공개적으로 낭독까지 하게 된다. 왕은 크게 노하여 불로 두루마리를 태우고 예레미야를 검거하라는 명을 내린다. 그러나 이를 알아챈 예레미야는 바룩과 함께 유유히 사라진다.

예레미야가 선포한 내용은 엄연한 현실로 다가와 주전 597년 예루살렘이 포위되고 지도자들이 바벨론으로 잡혀 갔다. 예레미야는 세계의 운행을 하나님의 역사로 보면서 바벨론도 하나님의 도구에 불과하다고 하였다. 그는 시드기야 왕이 이런 사실을 받아들이고 바벨론에게 항복할 것을 권한다. 지금의 하나님의 뜻은 바벨론의 처사에 순응하는 것 외에 다른 대안이 있을 수 없다고 본다. 하지만 이런 견해는 당시의 제도권을 중심으로 민족주의적인 예언자들 생각에 대한 정면 도전이 아닐 수 없었다. 특히 민족주의적 성향을 대표하는 인물이 하나냐로 그와 격렬한 충돌은 불가피했다.

예레미야는 바벨론으로 잡혀간 사람들에게 편지를 보내(29장) 돌아오는 것만 생각하지 말고 잠잠히 바벨론이 잘 되기를 위해 기도하라고까지 한다. 지금 그 순간에는 인간적인 방법으로 고난을 벗어나기보다는 주어진 여건에 순응하는 것이 좋은 길이기 때문이다. 그게 바로 하나님의 뜻이기에 하나님의 뜻을 거슬러 벗어나려는 어떤 방법도 시의적절하지 않음을 간파한 지적이었다.

주전 588년의 제2차 포위에서도 그런 확신을 굽히지 않아 박해의 상황은 더욱 극에 달했다. 그는 이적 행위자, 반국가 행위자로 지목을 받아 고발되고 투옥된다. 그의 투옥은 현실적인 개선에 아무런 도움이 있을 리 없다. 오히려 상황은 악화되고 결국은 바벨론에 의해 수도가 함락당한다. 바벨론은 그의 행적을 알기에 그를 석방한다. 풀려난 그는 미스바로 가서 거하다가 총독 그다랴가 암살당한 후에 애굽으로 건너간다(42장 이하). 그러나 애석하게도 그 뒤에 그에게 무슨 일이 있었는지는 알려지지 않는다.

III. 구조

1. 자기 백성을 향한 예레미야의 말씀(1-25장)

1) 그의 소명과 심판에 관한 예언(1:1-10:25)

2) 예레미야의 소명(1:1-19)

그는 소명에 순순히 응하지 않고 거부함에 그 특징이 있다. 그는 "… 주 여호와여 보소서 나는 아이라 말할 줄을 알지 못하나이다"(6절)라고 한다. 이 소명기사는 두 개의 환상(1:11-16)과 결합되고 예언의 서론(1-10절)과 사명을 받은 기사(17-19절) 사이에 끼어 들어간다.

3) 심판에 관한 예언(2-10장)

여기서 그는 청중을 향해 충격적인 것을 선언한다. 곧 예루살렘 성전은 실로와 같이 될 것이라고 한다. 2-6장에서 예레미야의 선교의 특성을 나타내 주는 구절, 즉 2장 1-13절이 있다. 예레미야는 불신실한 민족을 비난하고 하나님께서 그의 백성에게 내려 주신 모든 축복의 배후를 고발한다(3-7절).

2. 애가와 심판 예언(11:1-20:18)

1) 개인 탄원시와 예레미야의 고백

2) 또 다른 탄식과 심판 예언

3) 지도자들에 대한 말씀(21:1-24:10)

4) 예레미야의 심판 예언집의 결론(25:1-14)

3. 열국에 대한 심판 예언(25:15-38; 46:1-51:64)

25장 15-38절은 흥분케 하는 잔에 대한 묘사로서 "열국에 대한 신탁"을 끌어 들인다.

4. 구원에 관한 약속(30-33장)

5. 수난설화

군중들은 그를 죽이려 한다. 그러나 그는 기적처럼 석방된다. 그는 받아쓰게 한 두루마리 성경을 읽으므로 그 예언자의 가르침이 다시 백성과 제사장, 그리고 왕에게 전달되고(36장) 왕은 이를 찢고 불에 태운다. 드디어 주전 597년에 일차 포로로 잡혀 간다.

IV. 예레미야의 메시지

예레미야는 그의 말뿐 아니라 예언자의 삶이라는 통전적 측면에서 예언의 새로운 국면을 보여준다. 예레미야에 있어서 하나님의 개념은 호세아와 비슷하다고 할 수 있다. 계약 사상 안에 이미 드러난 하나님의 은혜와 사랑에 근거한 야훼와 이스라엘의 특수한 관계가 전면에 드러난다(2:1 이하; 3:4 이하). 예레미야는 하나님을 세계의 보편적 하나님으로 가르친다. 그 분은 세계의 창조주이자 역사의 주인이시기에 모든 세력은 하나님께 예속되어야 하며 복종해야 한다고 한다(27:6).

바벨론의 느부갓네살도 강한 세력으로 보이지만 야훼의 종에 불과하다. 이런 이해에서 예레미야는 유다가 바벨론 왕에게 항복할 것을 권하고 포로민들에게도 바벨론을 위해 기도하라고까지 한 것이다. 모든 나라들이 마침내 야훼를 인정하게 될 미래를 확신하고 이를 희망적으로 내다본 점에서 그를 제2 이사야의 선구자라고 할 수 있다.

예레미야는 하나님과 사람과의 관계를 가능하게 하는 중요한 요소가 인간의 '복종'이라고 한다(29:12 이하; 2:32; 35장). 하나님과 사람의 올바른 관계 성립을 가능하게 하는 것은 그들이 의지하는 제사장이나 제사 의식이 아님을 강조한다(6:20; 7:1 이하; 29:12; 31:34). 예레미야에 있어서 순종이 얼마나 중요한가를 볼 수 있다. 근본적인 것은 내용이지 겉모습이나 형식이 아님을 지적한다. 그는 죄를 단순히 일반적인 범죄로 보지 않는다. 하나님께 대한 인간의 무감각과 근본적으로 전도된 태도 속에서 죄는 이미 뿌리 깊이 박혀 있는 것을 본다(4:22; 5:3; 6:15; 13:23). 그러나 그는 한편으로는 인간이 도저히 자신의 노력만으로는 죄를 정복할 수 없음을 보면서도 여전히 사람들이 전폭적으로 하나님께로 돌이킬 것을 강조한다(3:1 이하; 8:4 이하; 15:19; 36:7).

예레미야
Jeremiah

너를 성별하였다

예레미야 1

예레미야는 예루살렘 북방 5km쯤 떨어진 곳의 한 작은 마을 아나돗이라는 곳에서 태어났다. 원래 솔로몬 왕은 사독을 예루살렘의 유일한 대제사장으로 세우기 위해 아비아달을 예루살렘에서 아나돗으로 추방하였다. 아나돗은 베냐민 땅에 있었던 네 개의 레위인 성읍들 가운데 하나였다(수 21:17-18). 말하자면 그는 이곳의 추방된 제사장들의 후예였던 것이다.

예레미야는 예언자로서 약 40년의 생애를 포로 사건까지 예루살렘을 다스린 다섯 왕 가운데 세 왕과 관련하여 언급되고 있다. 그는 유명한 요시야의 개혁(왕하 22-23장 참조)도 경험했을 것이다. 그때에 무엇을 했는지는 알 수 없지만 요시야 13년에 부름을 받고 고향에서 활동하다가 요시야가 죽은 주전 609년쯤 예루살렘으로 옮겼다. 유명한 요시야왕이 아쉽게도 죽은 다음 여호아하스 그리고 여호야김의 아들인 여호야긴이 왕이 되었지만 그들은 모두 석 달 남짓 동안 왕을 지낸 사람들로 언급되지 않고 있다.

예레미야의 소명을 보면 모세와 비슷한 점이 많은 것을 볼 수 있다. 그들은 모두 사십여 년을 예언하며 살아간다. 이사야와 에스겔이 소명을 즉시 받아들인 것과 달리 예레미야는 여러 가지 이유를 달면서 거부한다. "내가 이르되 슬프도소이다 주 야훼여 보소서 나는 아이라 말할 줄을 알지 못하나이다"(6절). 자기는 너무 어리다(왕상 3:7)는 솔로몬이나 말을 할 줄 모른다는 모세를 연상케 된다(출 3장). 예레미야도 아이라 말할 줄 모른다고 꽁무니를 빼고 있다. 아마도 민족의 앞날에 대한 문제를 생각할 때 그런 반응을 보이지 않을 수 없었을 것이다.

닥쳐온 커다란 위기를 감지한 그들의 어쩔 수 없는 인간적인 모습이다. 그러나 하나님은 여기서 물러서실 분이 아니다. "너는 … 두려워하지 말라 내가 너와 함께 하여 너를 구원하리라"(8절)고 하나님은 설득하고 있다. 두려워 떠는 예레미야에게 하나님은 다가가셔서 힘을 주고 있다. 한 인간이 암울한 현실에서 무엇을 할 수 있겠는가?

그러나 하나님은 두려워 떠는 그에게 용기를 주시고 세워서 이스라엘에게 살아갈 길을 제시할 수 있다.그에게 다가온 하나님은 손을 내밀어 입에 대시어."내 말을 네 입에 두었노라"(9절하)고 하신다. 이제부터는 순전히 예레미야의 입이 아니라 하나님의 대변인에 지나지 않는다. 거기에는 약한 예레미야의 모습은 사라지고 강하고 담대한 하나님의 위엄이 드러난다. 그러기에 멀고 가까운 모든 나라들에게 선포할 수 있다. "여러 나라와 여러 왕국"(10절) 위에 세웠다고 한다. 그래서."뽑고, 파괴하고, 파멸하며, 넘어뜨리며, 건설하고, 심게 하였느니라"(10절하)고 하여 네 개의 파괴의 동사와 두 개의 재건의 동사로써 심판과 구원을 선언하는 이중사역이 핵심 주제이다.

그럼에도 그의 선포는 파괴가 지배할 것임을 보여 준다. 다시 말해 이 시대가 하나님의 분노를 사게 하는 암울한 시대임을 보여주고 있다. 어찌 이런 쓴 소리를 전하게 될 예레미야의 마음이 편하겠는가? 좋은 소리, 좋은 말을 전한다면 누구도 기꺼이 전하겠지만 그들을 바로잡는 쓴 소리는 입에 담기 어려운 말이 아닐 수 없다. 지금 예레미야는 그런 어려운 일을 맡아야 할 임무가 주어진 것이다. 그의 앞날이 걱정이 된다. 그것은 당대가 패역하여 하나님의 말씀을 순종하지 않는 백성으로 가득 찼기 때문이다.

예레미야는 소명 체험과 관련해서 두 가지 환상을 본다. 첫 번째 환상은 일종의 말놀음으로 이루어진 것으로 '샤케드'의 "살구나무"와 '쇼케드'의 "지켜봄"의 원어 발음이 비슷하다. 그 지역에서 살구나무는 봄에 제일 먼저 꽃피는 것으로 예레미야에게 야훼가 자신의 말이 이루어지는지 지켜보고 있다는 확신을 주었다. 두 번째 환상은 끓는 가마가 윗면이 북에서부터 기울었다고 한다. 따라서 반대 방향으로 내용물을 쏟아내는 형상이다. 하나님의 심판 도구는 북으로부터 오는 적대자이다. 북에서 오는 적대자가 분명히 나타나지 않지만 나중에는 바벨론으로 등장한다. 북은 재앙을 뜻하는 방향이다. 이스라엘의 북에서 앗수르가 왔으며 바벨론도 올 것이다. 북방의 왕국들이 하나님의 부름을 받아 예루살렘에 이르고 유다 모든 성읍들을 치리라고 한다.

그것은 다른 것이 아니고 "나를 버리고 다른 신들에게 분향하며 자기 손으로 만든 것들에 절하였은즉…"(16절)이라 하여 징계하리라고 한다. 예레미야가 일어나서 전하해 할 이유가 분명하게 드러나고 있다. 하나님은 예레미야가 그들에게 나아가 전할 때에 두려워하지 말라고 한다. 이는 하나님이 그들을 막아주기 때문에 두려움을 당하지 않는다.

예레미야는 그 예언 활동에 적지 않는 저항을 당할 것이다. 그러나 그것은 두려워할 것이 아니고 하나님의 함께하심을 굳게 믿어야 한다. 그는 허리를 동이고 일어나서 용감하게 전할 수 있는 것이다. 그 말씀을 듣고 새롭게 되면 살 것이요, 듣지 않고 귀를 막으면 모든 것이 끝나고 마는 것이다. 하나님의 말씀은 생명의 쓴 약이다.

배은망덕

예레미야 2:1-19

한문에서 한 일(一)자는 좋은 의미로 쓰인다. 오로지함, 정성을 다함, 순일함, 전체, 통일, 근본 등의 모자람 없이 순전한 것을 함의하고 있다. 인격적으로 말하면 한 일(一)자는 평생을 다하도록 한결같은 모습으로 사는 것을 말한다. 더해서 말하면 한 번 좋다고 생각하는 바를 좋다고 여겨 바꾸지 않음을 말한다. 그러기가 얼마나 어렵겠는가? 이스라엘이 하나님의 백성으로 계약 백성이 되었다는 것은 가당치 않은 특권을 누리게 됨을 의미한다. 그런 좋은 관계가 변함없이 유지되려면 계약 백성의 도리를 다해야 함에도 그리하지 못한다. 예언자를 비롯한 하나님의 종들이 나서 진지하게 깨우쳐 주지만 상황이 좋아지는 것을 보기 힘들다.

예레미야는 요시야의 개혁운동이 나오기 전의 혼란된 상황을 가늠케 하는 규탄의 말을 전하고 있다. 그에게 주어진 하나님의 말씀은 "내가 너를 위하여 네 청년 때의 인애와 네 신혼 때의 사랑을 기억하노니…"(2절중) 라고 하면서 베푼 인애와 사랑을 들추고 있다.

이스라엘 초기의 어려운 상황에서 하나하나 이끄심과 신혼 부부처럼 애끓는 사랑이 지난날의 베푸심이었다. 그럴만한 것들이 그들에게 있어서 그랬던가? 예레미야는 호세아처럼 시퍼런 바다에서 건져 주시고 씨 뿌리지 못하는 광야에서 먹여 주시고 입혀 주시며 이끌어 주심을 하나의 밀월 시대로 말한다. 이는 사독 사제나 에스겔, 그리고 오경 안의 광야 전승이 반역의 시대로 보는 것과는 다르다.

예레미야는 이스라엘이 하나님의 성물로 오직 하나님만이 마음대로 할 수 있는 존재인데 지금 저렇게 이방인의 삼킴의 위험에 빠진 것이 무엇때문이냐고 묻는다. 하나님의 것인 이스라엘을 해하는 자는 결코 죄를 용서받을 수 없었다. 그런데 지금 그런 일이 벌어지니 통탄스런 일이 아닐 수 없다. 이제 이런 위기에 처한 백성들을 부르는 소리가 들린다. 조상들이 무슨 불의함을 보아 하나님을 멀리하고 헛된 것을 따르며 헛되이 행하느냐고 반문하신다. 여기 "헛된 것"(5절)이란 말의 히브리어 '헤벨' 은 바알과 유사한 발음으로 '말놀음' 을 하고 있다. 다시 말해 헛된 것을 좇음은 바알에 빠진 것을 지적하는 말이다.

요시야의 종교개혁이 절실한 상황이 되어가고 있었다. 이스라엘은 과거에 입은 하나님의 은혜를 모조리 잊어버리고 다른 곳에 눈이 팔려 있다. 위험에서 구하고 낮의 햇빛과 밤의 차가움을 막았으며 먹을 것을 주시고 마침내 "기름진 땅"(7절) 으로 인도하여 "아름다운 것을 먹게" 하였지만 그들이 한 짓은 "내 땅을 더럽히고 내 기업을 역겨운 것으로 만들었다"(7절)고 한다. 바알과 우상이 그들에게 그런 것을 주는 것으로 알고 그것들을 섬겼던 것이다. 이것이 그 땅을 더럽힌 것이 아니고 무엇인가?

우매한 백성은 그렇다 치고 지도자는 어떠했는가? 제사장은 하나님을 찾지 않았고 레위인은 하나님을 알지 못했으며 관리들, 즉 목자로 표현되는 임금은 반역하고 선지자들은 바알의 앞잡이가 되었다고 한다. 지도자들이 먼저 부정하고 타락한 것이다. 어느 나라든지 지도자가 바로 서지 않으면 망하는 것은 하루아침의 일이다.

《맹자》 '이루장구 상'에 "군정이면 막불정이니 일정군이국이 정의니라(君正莫不正, 一正君而國定矣)" 하여 임금이 바르면 바르지 않음이 없으니 한 번 임금 마음이 바르면 나라가 안정된다고 했다. 윗사람의 태도가 그렇게 중요한 것이다. 지금 이스라엘의 지도자들 누구를 보아도 하나님 앞에 바로 서 있는 사람이 없다. 그러므로 "내가 싸우리라"(9절)고 한다.

선지자는 그 백성들에게 서에서 동에 이르기까지, 즉 깃딤 섬과 게달에 이르도록 어느 백성이 그 선조들이 섬기던 신을 쉽게 저버린 일이 있었던가 샅샅이 찾아보라고 한다. 세상 천지에 그런 민족은 없다는 말이다. "어느 나라가 그들의 신들을 신 아닌 것과 바꾼 일이 있느냐?"(11절) 그런데 "나의 백성은 그의 영광을 무익한 것과 바꾸었도다!"(11절하)라고 하여 내 백성이 그럴 줄을 몰랐다는 한탄이다. 우리는 꿈에도 생각지 못한 일을 당했을 때에 흔히 그러한 표현을 쓰곤 한다. 그 값진 "영광"(카보드)을 쓸모없는 것과 바꾸었다고 탄식한다.

너무나 어리석은 일을 저지른 백성이다. "너 하늘아 이 일로 말미암아 놀랄지어다 심히 떨지어다 두려워할지어다!"(12절) 그들은 두 가지 악 곧 "생수의 근원"이신 하나님을 버리고 "웅덩이를 판 것"이란 두 가지 악을 저질렀다고 한다. 그들은 이제 "종"이 되어 잡혀가는 신세가 된다. 그래서 그 땅이 황폐하게 되었다. 성읍이 불타고 자손이 상하는 재앙이 임하게 된다. 이 모든 일이 왜 일어났는가? 단도직입적으로 "네가 그를 떠남으로 이를 자취함이 아니냐?"(17절)고 묻는다. 누구의 탓이 아니라 스스로 끌어들인 자업자득인 재앙임을 상기 시키고 있다.

앗수르의 억압을 벗으려고 애굽에 매달리고 또다시 애굽의 억압을 벗어나려 앗수르로 달려감은 어리석기 짝이 없는 짓이다. 그 근본은 그들이 지은 악에 있으며 그 징계인데 이를 모르고 강한 이웃나라들에 기웃거리는 백성이 얼마나 가련한가? 그들이 당한 병의 원인은 "야훼를 버림과 네 속에 나를 경외함이 없는 것이 악이요 고통인 줄 알라!"(19절)는 말로 답하고 있다. 정치 군사적 위기 속에서 그들은 근본 대책을 모르고 이쪽저쪽 나라에 구걸하며 동맹을 맺음으로 벗어나려하는 꼴이 너무 어리석은 것이다.

하나님이 맺은 것을 사람의 힘으로 풀려는 이스라엘의 처사가 참으로 어리석다. 근본을 모르는 백성은 언제나 고달플 수밖에 없는 것이다.

무슨 이유로 내 백성이…

예레미야 2:20-37

하나님의 백성으로서 산다는 것은 특권중의 특권이다. 지금 이스라엘은 이 사실을 잊어버리고 하나님을 떠나 죄악 가운데 허우적대고 있다. 그들은 하나님이 주신 율법을 귀찮은 것으로 생각해 마치 '소의 멍에' 라고 비하했다. 말씀이 멍에나 결박이라면 그들은 이미 하나님의 백성은 아니다. 가정을 가진 여인이 가정의 여러 일들이 굴레이고 속박이라고 하여 벗어나 자유부인이 되면 가정을 유지할 의지도 능력도 상실한 것이다. 그는 혹독한 대가를 치루고 주어진 것이 무엇인지 깨달을 것이다. 이스라엘은 말씀이 멍에라면서 산꼭대기에 올라가 나무 아래에서 이방신과 우상을 섬겼다.

이것은 다름 아닌 신성한 혼인관계를 파괴하여 자행하는 행음(20절)이라고 한다. 그들의 타락상은 몇 가지 비유로 묘사되고 있다. 이전에는 "순전한 참 종자 곧 귀한 포도나무"였는데 지금은 "이방 포도나무의 악한 가지"(21절)가 되어 "잿물로 스스로 씻으며 네가 많은 비누를 쓸지라도"(22절) 죄의 얼룩은 사라지지 않는다고 한다. 옷의 때는 빨면 없어지나 마음에 지은 죄악은 몸부림쳐도 쉽게 사라지지 않는다.

예언자는 이어서 "너의 길을 보라"고 한다. "발이 빠른 암낙타"(23절), 곧 발정한 암낙타가 발광하듯이 이스라엘은 죄악에 빠져들었음을 말한다. 그들은 결코 바알을 따르지 않았고 더렵혀지지 않았다고 할 수 없다. 그들은 마치 "들암나귀"(24절)가 발정한 것 같아서 누가 그것을 막겠는가라고 예언자는 반문한다. 그래서 유다와 예루살렘 사람들이 하는 짓은 이성과 지각을 상실한 격정으로 치닫는 모습이다. 그 백성은 더 이상 하나님의 신실한 자녀가 아니다. 하나님 앞에서 태도가 지극히 불순하다.

이러한 시대적 상황은 대체로 요시야 종교개혁 이전의 것으로 보인다. 극도의 종교적 타락상이 모든 지적의 초점이다. "나무를 향하여 너는 나의 아버지라 하며 돌을 향하여 너는 나를 낳았다"(27절)는 것은 소속도 모르고 나무로 우상을 만들고 돌로 신상을 만들어 섬기는 지극히 불량한 사람들이 되고 만 것이다. 그것들이 재앙을 만나면 구해줄까? 허수아비가 어떻게 나서서 구원을 이룬단 말인가? 망상에 빠진 사람들이다. 그러한 못된 짓이 얼마나 성했으면 "너의 성읍의 수와 같도다"(28절하)라고 했을까? 모든 성읍이 다 자기들의 신상을 만들어 섬기는 전적인 타락을 보여주고 있다.

어디를 가서 하나님의 백성을 만나겠는가? 하나님은 그 종들을 보내 각별하게 성토했건만 그들의 태도는 다소곳함을 대신해 대항함으로 나섰다. 잘못한 자의 귀가 열리지 않는다면 무엇을 바라겠는가? 듣고 고쳐 새롭게 나서는 것이 삶의 바른 길이지만 온통 귀가 막혀 고집부리며 "선지자들을 삼켰느니라"(30절)고 한다.

속담에 "예쁜 자식 매로 키운다"는 말이 있듯이 죄에 빠진 백성이 가여워 매를 들었지만 "무익했다"(30절)고 하면서 그들이 징계를 받아들이지 않음을 말한다. 오히려 칼 든 사자처럼 선지자를 죽인 자라고 한다. 하나님에게 무슨 방법이 있을까?

그동안 하나님은 그들에게 "광야"(31절) 같았냐고 물으면서 베푸신 사랑을 회상하지만 이유 없는 반항과 배신을 탄식하고 있다. "무슨 이유로 내 백성이"라고 하면서 그런 심술을 부리는가 반문하신다. 신부도 처녀도 예복이나 패물을 잊을 리 없지만 "내 백성은 나를 잊었나니"(32절)라고 말한다. 정상적인 사람이라면 그 좋은 것을 잊을 리 없는 것이다.

그러면서도 "나는 죄를 범하지 아니하였다"(35절)라 하여 끝내 반성할 줄 모르는 그들이 아닌가? 왜 하나님이 그 백성을 "목이 곧은 백성"이라는 칭호를 붙였는가를 알겠다. 반성할 줄 모르는 사람은 매를 맞을 수밖에 없다. "내가 너를 심판하리라"(35절하)는 모든 것의 불가피한 귀결이다. 그들은 철석같이 믿는 애굽과 앗수르에 "수치를 당할 것이라"(36절)고 한다. 그래서 현실로 무엇이 잘못인가를 눈으로 목격해야 죄악의 무서움을 알 것이다. 절망과 슬픔을 당한 여인들이 두 손을 머리 위에 얹거나 두 손을 묶어 머리 위에 두는 포로처럼 되고 말 것을 말하고 있다.

하나님의 백성의 생존 방법은 두 가지가 아니다. 하나님을 떠나서는 무엇을 강구하든 제로가 되고 마는 것이다. 순전한 참 종자를 심어 물주고 가꾸었는데 웬 악한 가지가 나왔느냐는 하나님의 탄식의 말씀은 우리들 각자를 깨우치는 생명의 말씀이다. 귀한 포도로 응답하는 삶으로 날마다 가꾸어가야 할 일이다.

내가 고치리라

예레미야 3:1-4:4

예레미야의 처한 상황이 참으로 답답한 지경이다. 동족 유다가 죄악으로 앞을 가누지 못하고 있기 때문이다. 이런 때에 제일 애를 태우는 분은 하나님이시고 또한 예언자이다. 속 못 차리는 백성을 어떻게 해야 제자리로 돌아설까 노심초사하는 것을 절절히 보게 된다.

예레미야는 호세아적인 표현을 빌려 이스라엘을 행음한 여인으로 비유하고 있다. "많은 무리와 행음"(1절) 했다고 한다. 다시 말해 유다가 거짓된 많은 신들과 관계를 가지고 어떻게 야훼께 돌아올 얼굴이 있느냐고 한다. 산과 들을 보나 온통 음란과 행악이라니 과연 땅이 더러워질 대로 더러워진 것이다. 수없는 우상숭배는 그 백성뿐만 아니라 땅마저도 추하게 되었다. 바알을 중심으로 풍요제의가 여기저기에 널려 있어 그들과 아무런 경계심이 없이 한데 어울려 정신을 잃고 있었던 것이다.

그들의 이혼법에 따르면 이미 버려진 신세로 돌아갈 수 없는 처지가 된 것이다. 단비가 끊어졌지만 하나님의 진노를 깨닫지 못하고 놀아나고 있다. 그저 아쉬울 때만 찾아와서 옛정을 호소하는 얄팍한 꾀를 일삼는 그들이다. 유다는 일찍이 이스라엘이 배역하여 이 산 저 산에서 행음하다가 끝내 돌아오지 않은 것을 보았다. 이스라엘은 결국 하나님의 이혼증서를 받고 쫓겨났는데 그 자매인 유다도 똑같은 짓을 하여 하나님의 진노를 사게 되었다. 그들은 "돌과 나무와 더불어 행음"(9절)하여 이 땅을 더럽혔다. 돌로 새긴 신상, 나무로 만든 신상이 그들의 예배와 섬김의 대상이었다.

그렇게 이방신에 사로잡혀 있는 유다는 도저히 구제의 길이 보이지 않았다. 헛것을 믿는 믿음도 한 번 빠지면 이렇게 지독한 것이다. 그러니 사람이 정신 차리지 않으면 평생 죽음의 구렁텅이에서 벗어나기 어려운 것이다. 그래서 안내자를 잘 만나야 하고, 친구를 잘 만나야 하며, 이웃을 잘 만나야 함을 알게 된다.

예부터 복거(卜居), 택린(擇隣), 좋은 친구, 좋은 선생을 힘을 써서 찾았던 것이다. 인생의 좋은 스승이 있다면 불원천리를 하고 찾아 나선 이유가 모두 그런 것이다. 나를 이끌어 줄 사람을 잘못 만나면 평생 그런 길로 갈 수밖에 없는 것이다. 말하자면 이스라엘 백성은 이웃을 잘못 만나 그들의 우상에 빠진 것이다. 마음이 아픈 하나님은 예언자를 시켜 배역한 이스라엘로 가서 이르라고 한다. "배역한 이스라엘아 돌아오라 나의 노한 얼굴을 너희에게로 향하지 아니하리라… 노를 한없이 품지 아니하느니라"(12절).

북왕국 이스라엘은 오히려 유다에 비하면 순수한 면이 있었다. 남유다는 하나님께 돌아온 듯하지만 "진심으로 내게 돌아오지 아니하고"(10절)라고 하여 북쪽으로 잡혀간 이스라엘을 향해 고향으로 돌아오라고 한다. 하나님은 한없이 노를 품지 아니하신다. 잡혀간 이스라엘보다 회개한듯하나 거짓 회개한 유다가 더욱 문제였던 것이다.

누가복음 15장 11절 이하의 잃은 두 아들 가운데 더 큰 문제는 표 나지 않은 큰아들이었던 것과 흡사하다. 그토록 유다를 심각하게 보았던 것이다. 병이 찌들대로 찌들어 여간 치료해서는 나을 기미가 보이지 않는 상태이다. 하나님은 그들을 향해서 "배역한 자식들아 돌아오라"(14절)고 한다.

하나님은 그들 가운데 "하나와…둘", 곧 남은 자를 택하여 시온으로 데려오며 좋은 목자를 보내사 지식과 명철로 양육하시겠다고 한다. 그래서 바벨론 포로로 언약궤가 없어져도 하나님이 예루살렘을 보좌로 온전히 다스려 아쉬울 것이 없을 것이라 한다. 하나님의 풍성한 은혜의 시절이 아닌가? 다만 그들이 진정으로 하나님께 돌아와야 한다. 지금 이리 갈까 저리 갈까 망설일 때가 아니다. 야훼 하나님은 그들의 조상에게 얼마나 커다란 약속을 하였던가? "너희가 나를 나의 아버지"(19절)라고 하여 떨어질 수 없는 관계였지만 "아내가 그의 남편을 속이고 떠나감"(20절) 같이 나를 속였다고 하신다.

이스라엘은 하나님의 장자였다. 이는 모든 민족 가운데 차지하는 특수한 위치를 단적으로 보여주는 말이다. 그런데도 바람난 여인처럼 속이고 떠나갔다. 하나님은 그러한 처지의 이스라엘 자손을 향하여 돌아오라고 호소한다. "내가 너희의 배역함을 고치리라"(22절)고 한다. 와서 야훼 하나님을 고백하고 산꼭대기에서 한 못된 소리를 뉘우치며 "이스라엘의 구원은 진실로 우리 하나님 야훼께 있나이다"(23절)라고 해야 한다. 그들의 부끄러운 짓은 조상 때부터 있어 온 것으로 "우리 하나님 야훼께 순종하지 아니하였음"(25절)이라고 고백해야 한다.

그들이 야훼께 돌아갈 때는 "가증한 것"(4:1)을 버리고 "진실과 정의와 공의"(4:2)로 맹세하면 다른 나라들이 하나님께 돌아올 것이다. 하나님은 이처럼 그들이 구습을 철저하게 끊고 돌아올 것을 요구하신다.

그것은 가시덤불은 그대로 둔 채 땅 껍데기만 헤적이는 것이 아니라 농부가 "묵은 땅을 갈고"(3절) 깊이 파 뒤집듯이 해야 한다. 낡은 것을 뒤집어 엎어 묻어야 한다. 그들은 형식적으로 할례를 행하지 않고 실로 "마음의 가죽을 베고"(4절) 근본에 할례를 해야 한다.

이름만 크리스천이 아니고 심령이 완전히 그리스도인의 것으로 화해야 하는 것처럼 세상에 명예만을 구하며 살아가는 사람들이 있다. 그래서 어디를 가도 그 이름이 끼어 있지 않는 곳이 없음을 자랑하겠지만 그가 힘써야 할 그 하나를 제대로 하겠는가? 대표적인 예로 정치인 가운데 그런 사람을 적지 않게 볼 수 있다.

마리아처럼 좋은 것을 택한 사람은 그 하나로 다른 혜택 같은 것은 눈도 돌리지 않아야 한다. 그래야 그것이 참으로 빛나지 않겠는가?

마음의 악

예레미야 4:5-31

예레미야는 이스라엘 백성의 죄악과 더불어 싸우는 중이다. 세상에 죄 없는 백성이 없겠지만 이스라엘 백성은 지금 심각한 죄악으로 나라의 운명이 풍전등화가 되었다. 그는 어떻게 하든 그 백성의 죄악을 물리치고 하나님이 함께하는 구원의 삶을 살기를 바라며 난관을 무릅쓰고 말씀을 전하고 있다.

나팔을 불며 깃발을 세우고 경계하여 적군이 북방에서 쳐들어오고 있는 것을 보라고 한다. 그것은 아무런 뜻 없이 이루어진 것이 아니라 "내가 북방에서 재난과 큰 멸망을 가져오리라"(6절하)고 한 말씀처럼 하나님이 하시는 일이다. 얼마나 잘못되었으면 아버지 하나님이 그런 재앙을 가져온 것일까? 제 살을 깎는 사람의 심정을 헤아리면 될 것이다. "사자"(7절) 곧 북쪽의 바벨론 느부갓네살이 쳐들어와 "네 땅을 황폐하게"(7절) 하려 한다는 것이다.

고대 그리스 역사가 '헤로도토스'에 의하면 주전 7세기에 코카서스 지방에서 기마병들인 '스키티안인'이 블레셋과 유다를 위협했다고 한다. 따라서 북방의 사자로 비유된 적들이 스키티안족이라 말하는 사람도 있다. 어쨌든 참상을 당할 지경에 이르렀으니 굵은 베를 두르고 "애곡"(8절)하라고 한다. 그때에는 이스라엘의 왕과 지도자가 낙심하고 제사장들과 선지자가 깜짝 놀랄 것이라고 한다.

왜냐하면 지금까지 거짓 선지자들의 거짓된 예언에 놀아나 위험이 다가옴에도 평강만 듣기를 좋아했기 때문이다. 나라가 망하려면 조정에 온통 간신배들이 꽉 들어차 정도를 벗어나듯이 이스라엘의 지도자들이 모두가 정신 나간 사람들이었다.

"너희에게 평강이 있으리라 하시더니 칼이 생명에 이르렀나이다"(10절)는 평강 대신 칼이 목에 들이대어 다가옴을 말한다. 자고로 바르지 못한 사람은 바른 말보다는 아첨하여 비위를 맞추는 말만 좋아한다. 선지자도 아닌 사람들이 선지자인양 온갖 거짓을 유포하여 지도자에 아첨하고 배를 불리는 당대의 불의를 짐작하게 된다. 일이 벌어진 뒤에야 "이 백성과 예루살렘을 크게 속이셨나이다"(10절)라고 후회한들 무슨 소용이 있겠는가?

예레미야는 "광야의 헐벗은 산"(11절)에서 뜨거운 바람이 불어와서 모든 것을 태우고 말 것이라 말한다. 사막지대의 '시로코'(sirocco)라는 바람은 그 열기가 엄청나서 한번 스쳐 가면 모든 것을 말라 비틀어지게 하는 무시무시한 열풍이다. 북방의 사자는 무섭기가 사막의 시로코처럼 한 번 스쳐가 모든 것을 황폐하게 하는 것으로 비유되고 있다. 11절 하반절의 말씀은 이 바람으로 키질하는 것이 아니라 선과 악을 함께 쓸어가는 바람이다. 무서운 하나님의 심판의 바람이 다가옴을 말한다. 미국 동부에 가끔 불어 닥치는 폭풍 '토네이도'의 무서운 모습도 연상된다. 이런 바람 속에서 살아남을 자는 아무도 없을 것이다.

"예루살렘아 네 마음의 악을 씻어 버리라 그리하면 구원을 얻으리라"(14절). 하나님의 무서운 심판을 앞에 두고 살아날 유일한 길이 있다면 이는 "마음의 악"을 제거하는 것이다. 악의 뿌리는 그들의 마음속 깊은 곳에 있다. 몇 가지 행동을 고친다고 되는 일이 아니다. 종교적인 요구에 응하며 제사를 잘 드린다고 그들의 악이 사라질 성질이 아니다. 보다 근본적인 마음의 악을 뿌리 뽑아야 한다. 그들이 구원을 받으려면 심령 속 깊게 자리 잡은 악을 제거하고 하나님께 나와야 한다. 속병을 겉으로만 치료한다고 다스려지는 것은 아니다. 속에 깊숙이 자리 잡은 여왕벌이 없어야 벌집이 사라지는 것처럼 일은 보다 근원적으로 처리해야 하는 것이다. 하나님을 거역하지 않고 악한 일에서 완전히 손을 떼야 한다.

예레미야는 백성의 현실을 보고 탄식하고 있다. 19절 이하 22절에서 그는 절절한 아픔을 토로하고 있다. 슬프고 아프다고 한다. 그 백성은 "어리석은 자, 지각없는 자, 미련한 자식"이라 악을 행하는 데는 지각이 있지만 선을 행하는 데는 무지한 자이다. 선과 악을 완전히 바꾸어서 따르는 백성이다.

이러한 혼란 속에서 예레미야는 무엇을 보았다고 한다. 환상 가운데 땅이 혼돈하고 공허하며 하늘에는 빛이 없다. 이는 창세기의 태초 혼돈의 모습을 그대로 옮겨 놓은 것이다. 모든 질서가 깨지고 창조 이전 상태로 되돌아간 흑암의 혼돈을 말하고 있다. 이런 속에서는 사람이나 생물이나 모든 것이 살 수 없는 것이다. 혼돈, 공허, 흑암, 진동, 요동, 황폐, 무너짐 등으로 심판의 땅을 묘사하고 있다. 이것이 북방의 적이 휩쓸고 간 다음의 유다 땅의 모습일 것이다.

이제 어찌 할 것인가? 이전처럼 붉은 옷을 입고 금장식하며 눈화장을 해서 연인을 끌어들일 것인가? 이제는 소용없는 일이 되고 말았다고 한다. 그들이 "너를 멸시하여 네 생명을 찾느니라"(30절하)고 한다. 지금까지의 길거리의 여인과 같은 짓을 버리고 정신을 차려야 한다.

이스라엘이 왜 길거리의 여인처럼 되었는가? 이방 사람들의 비위나 맞추며 살아가는 그런 사람들인가? 기다리던 연인들은 연인들이 아니라 시온의 딸의 목숨을 노리는 적군들이다. 쾌락을 위해서 함께 놀아줄 사람들인 줄 알았지만 이제는 폭군으로 다가와 생명을 앗아가는 사람들이다. 살려면 어떻게 해야 하는가를 직시해야 한다. 큰 은혜를 받은 자도 이처럼 큰 심판에 직면할 수 있다.

그래서 하나님과 세상 사이에서 우리가 서야 할 자리가 어디인지 잘 살피며 살아야 한다.

깨닫지 못하는 자

예레미야 5

마치 하나님과 아브라함이 창세기 18장에서 소돔과 고모라에 의인이 없음을 놓고 다투는 모습을 연상케 하는 말씀이 5장의 시작이다. 이 말씀은 어느 시대나 해당하는 말씀이라고 생각할 때 저으기 두려운 말씀이다. "정의를 구하며 진리를 구하는 자"(1절)가 과연 얼마나 되는가를 반문하면 실로 두렵지 않을 수 없다. 정의와 진리를 구한다 하지만 따지고 보면 진실성이 부족한 것이 우리의 진정한 모습은 아닌지 의심이 된다. 예수 그리스도가 아니면 용서 받을 자가 얼마나 되겠는가? 모두가 하나님의 은혜일뿐이다.

선지자의 시대에 이스라엘은 참으로 어려운 지경에 놓여 있다. 하나님으로부터 신뢰가 완전히 사라지고 그들의 죄가 밤 깊은 줄 모르고 깊어만 갔던 것이다. "한 사람이라도 찾으면 내가 이 성읍을 용서하리라"(1절하)는 이스라엘에게는 대답할 말이 없음을 증명해 보이는 확실한 말씀이다. 그들의 맹세조차도 알고 보면 거짓 맹세이니 다른 것은 볼 것이 없다.

아마 그 시대는 마음을 다하고 정성을 다해 하나님 믿는 것이 바보스런 일이라고 은근히 생각했던 모양이다. 사람은 누구나 자신의 도를 지키는 일이 생명을 거는 일이 될 때 아름다운 것이다. 옛날 우리나라의 선비들도 정성으로 자신의 도를 지키는 모습은 대단했다고 생각한다. 얼마나 고단했으면 '군자 말년에 배추씨장사'라는 말이 있었겠는가? 고집스런 그런 모습이 있어야 도의 길을 갔다고 말할 것이다.

그러한 하나님의 탄식에 예레미야는 정말 그렇게까지 타락했나 하며 놀랐을 것이다. 그 많은 사람들 중에 한 사람도 없다니 하면서 아브라함처럼 수긍하지 않았을 것이다. 그들은 어리석어서 "야훼의 길"과 "하나님의 법"을 알지 못한다고 한다. 그러니 다음에 오는 것은 뻔하지 아니한가? "수풀에서 나오는 사자"(6절)가 그들을 죽이는데 허기를 채우기 위해서 일어선 맹수처럼 달려들 것이다.

성서에서는 자주 이방의 원수들의 상징으로 사자를 표상하고 있다. 하나님의 심판의 도구로 이방 나라가 예루살렘으로 다가옴을 말한다. 사자의 먹이가 됨은 참으로 처참한 광경이 아닐 수 없다. 그들의 죄상이 7절 이하에서 자세하게 열거되고 있다. 하나님을 버리고 우상에 맹세하고 간음하고 창기의 집에 머물며 발정한 숫말처럼 어슬렁거린다고 한다. 어떻게 벌하지 않겠는가고 묻는다. 이제 이스라엘 집은 황폐해질 포도밭과 같다고 한다. 큰 비가 와서 살던 집들이 모조리 휩쓸려 흔적조차 없었던 일들이 생각난다.

이제까지 선지자라고 하는 자들이 하는 말은 고작 하나님도 없고 재앙도 없으며 전쟁(칼)과 기근도 없을 것이라고 헛소리만 했었다. 그래서 선지자를 "바람"이라고 하였다. 형체도 실체도 없는 허풍쟁이로 거짓 선지자들임을 말한다. 하나님의 말씀이 그들 속에 있지 않다고 한다. 참으로 혹독한 심판을 면할 수 없게 되었다. 그래서 예레미야의 입의 말씀은 불이 되고 그 백성은 나무가 되어 불사른다고 한다. 그 구체적인 사건은 너희가 알지 못하는 한 나라를 세워서 엄습케 할텐데 그들의 화살통은 "열린 무덤"(16절)이다. 치명적인 것이 아닌가? 그들이 와서 너희 자녀들이 먹을 식물을 먹을 것이며 양과 소를 먹고 포도나무와 무화과 열매를 먹으며 칼로 성들을 파멸한다(17절).

그럼에도 18절은 "내가 너희를 진멸하지는 아니하리라" 하여 전체 문맥에 부자연스런 말을 한다. 아마 후대적 본문이 아닌가 여겨진다. 어쨌든 깨닫지 못하는 백성은 이방인의 손에 넘겨지고 참으로 부끄러운 삶을 살게 될 것이다. 어리석고 지각이 없어 눈이 있으나마나, 귀가 있으나마나한 백성을 향해 전해야 했던 것이다. 성서에 얼마나 많은 하나님의 백성이 깨달음이 없어 책망을 받는가?

그렇게 자상하게 알려 주어도 깨닫지 못하고 헛된 일에 빠진 것을 지적하는 말씀들이다. 초자연적인 역사를 보임으로 가르치시고 온갖 일들을 통해서 가르치나 도무지 깨달음이 없다. "이른 비와 늦은 비를 때를 따라 주시며"(24절) 추수를 하게 해도 무감각하다. 하나님이 비를 적절한 때에 주시지 않으면 어디서 살아도 생명이라곤 부지하지 못하는 것이다. 갈수기에 들어 조금만 비가 안와도 사람들은 비를 '할애비' 보다 더 기다린다. 누가 비를 주는지도 모르고 사는 인생이 아닌가? 다시 말해 이스라엘의 죄, 이스라엘의 허물이 좋은 것을 막았다(25절). 모든 복을 스스로 쫓아 버린 어리석은 사람들이다.

26절 이하는 사회적인 불의가 팽배함을 말하고 있다. 그들 가운데 악인을 "새 사냥꾼"(26절)이라고 한다. 새 잡는 사람들은 새를 잡기 위해 덫을 쳐놓고 미끼를 놓는다. 그리하여 악인들은 마치 새 사냥꾼들이 바구니에 가득 새를 잡아 담듯이 백성을 후려서 재물을 집에 가득가득 채우는 짓을 하고 있다. 약한 자들의 송사를, 뇌물로 재판을 마음대로 하면서 불의를 일삼는다. 사냥꾼의 마구잡이가 여기서 사용되고 있다.

유전무죄(有錢無罪), 무전유죄(無錢有罪)란 말이 다른 것이 아니다. 오늘의 세계에서도 그에 버금가는 일들이 도처에 횡행하고 있다. "내가 이 일에 대하여 벌하지 아니하겠냐?"(29절). 믿음 있는 사람들은 이 말을 잊지 말아야 한다. 하나님은 죄와 동거하지 못하신다. 하나님의 백성은 죄악과 동행하지 못한다. 심판 없이 죄가 넘어가는 일이 없다. 이런 일들을 두고 선지자는 말한다. "이 땅에 무섭고 놀라운 일이 있도다"(30절). 하나님을 거슬려 죄악을 일삼는 일들이 사라지지 않는 한 무섭고 놀라운 일은 계속되며 이 일로 심판을 받는 것이 무섭고 놀라운 일이다.

그래서 군자가 견디다 견디다 못해 말년에 배추씨 장사를 할망정 도를 그르치는 일은 죽어도 아니하는 법이다.

평강의 백성

예레미야 6

어느 민족이든 나라가 잘 되려면 지도자의 자질이 참으로 중요하다. 특히 민도가 아직 낮은 나라에서는 앞에서 인도하는 사람들이 제대로 되어 있어야 나라의 앞날이 평탄한 것이다. 힘없는 백성은 이들을 견제할 힘이 없기 때문이다. 이스라엘은 큰 나라들이 주변을 둘러싸고 언제나 힘으로 제압하려는 긴장이 연속되고 있었다. 하나님의 구원으로 말미암아 살아가는 백성은 지도자와 백성이 하나 되어 정신을 차려야 하는 것이다.

지금 예루살렘에 북방에서부터 "재앙과 큰 파멸"(1절)이 오고 있다고 대피령이 떨어지고 있다. 그 형상이 말할 수 없이 생생하게 그려지고 있다. "아름답고 우아한 시온의 딸"(2절)로 칭하는 예루살렘 거민이 멸절됨을 비유적으로 표현하고 있다. 목자가 양떼를 몰고 와서 장막을 치고 마음껏 먹이는 이미지는 적국의 왕들이 그 군대를 몰고 와서 난장판을 만드는 것과 같다. 하나님은 예루살렘을 "벌 받을 성"(6절)이라고 한다. 그 이유는 오직 '포학'함 때문이라 한다.

사랑과 공의를 가르쳤더니 포학이 자라서 온통 뒤덮은 성이 다름 아닌 예루살렘이다. 사랑은커녕 불의가 판을 치는 도적놈들의 세계이다. 농부가 알곡을 심었는데 못 쓸 것들만 가득하다면 화가 나서 갈아엎고 말 것이다. 악, 폭력, 탈취, 질병, 살상이 하나님 앞에서 난무하고 있다. 하나님의 백성으로서는 제일 어울리지 않는 행위가 예루살렘에 자리 잡고 있다.

이런 판국에 그래도 희망을 심고자 예레미야는 온 힘을 다해 전하고 있다. "예루살렘아 너는 훈계를 받으라"(8절). 썩어 문드러진 몸에 혹 약이 효과라도 있을지 모르는 것은 먹을 때에 가능한 것이다. 그래서 하나님의 훈계를 겸허히 듣고 따르는 것 말고는 없다. 썩어 골짜기에 나뒹구느냐 아니면 새싹이 나서 소망을 가져 보느냐는 전적으로 마음의 결단에 달린 것이다. 마지막 기회가 주어진 셈이다. 하나님은 예레미야에게 포도원 농부가 포도를 따 담듯이 이스라엘의 "남은 자"를 주우라고 명령하신다.

그러나 아무도 예레미야의 말을 들으려 하지 않는다고 한다. "야훼의 말씀을 그들이 자신들에게 욕으로 여기고 이를 즐겨하지 아니하니"(10절)라고 하여 욕으로 볼 정도가 되었다. 환자에게 좋은 약을 주었지만 무지한 환자는 화를 내면서 내던지는 어리석음을 보인 것이다. 그러니 어찌 멸망이 아니고 무엇이 다음 차례가 되겠는가? 예루살렘은 지금 "가장 작은 자로부터 큰 자까지 다 탐욕을 부리며 선지자로부터 제사장까지 다 거짓을 행함이라"(13절)고 한다. 탐욕과 거짓이 그들의 삶이라면 무엇을 기대하겠는가?

선지자들은 날이면 날마다 입만 열면 "평강하다 평강하다"(14절)라고 하지만 평강은 없다고 한다. 빈 소리, 헛된 소리로 백성을 속인 것이다. 양심이 마비되어 거짓을 말해도 얼굴도 붉어지지 않는 가증한 그들이었다. 예레미야는 끈질기게 그들을 향해 "옛적 길 곧 선한 길"(16절), 다시 말해 조상들이 하나님께 가서 순종하여 받은 복된 길로 오라 한다.

예레미야의 독려는 끝내 실패하고 만다. "내 말을 듣지 아니하며 내 율법을 거절"(19절) 하였으니 하나님으로부터 아무것도 기대할 수 없다. 이제는 그 관계가 단절되고 그들의 어떠한 번제나 희생제물도 소용없는 일이 되었다.

요시야 통치 말년의 상황을 잘 보여준다. 이제 북방에서 큰 나라가 떨쳐 일어난다. 그들의 모습은 어떤가? 형언키 어려운 무서운 형상으로 적들이 다가오고 있다. 그래서 그들로부터 당할 아픔은 "해산하는 여인" 같다고 한다. 우리는 흔히 단말마의 고통이 어떠한가 생각하며 사육신이 원통하게 잡혀 와서 묶여 불로 담금질 당하는 그 아픔을 상상하곤 한다. 예루살렘이 당할 아픔을 "독자를 잃음 같이 슬퍼하며 통곡할지어다"(26절)라고 한다. 군 제대를 며칠 두고 군에서 불의의 사고로 외아들을 잃은 부모를 텔레비전에서 본 적이 있다. 말로는 할 수 없는 아픔이 저런 것이라고 생각한 적이 있다.

이제 모든 일이 희망 없이 진행되고 하나님과 예레미야가 허탈한 가운데 대화를 나눈다. 일종의 후일담처럼 들린다. 이스라엘은 반역자이고 비방자이며 놋과 철이며 사악한 자라고 결론을 내린다. 풀뭇간에서 대장장이가 달구는 쇠처럼 이스라엘은 놋과 철로 고집스러움을 표현하고 있다. 뿐만 아니라 은을 제련하는 과정에서 나오는 내버린 은으로, 빛깔만 좋지 값없는 쓸모 없는 은이다. 그래서 대장장이의 수고가 헛되고 말았다. 예레미야는 "시금자"로 내세워 단련해보려 했지만 그 결과로 나오는 것은 값없는 것, 쓸모없는 것들만 나오고 말았다고 한다. 그래서 이제 심판은 다가왔고 정화 과정은 실패했다. 민족을 정화하여 살려보려는 하나님의 시도는 그들의 거부로 끝나고 말았다.

과즉물탄개(過則勿憚改)라는 말처럼 허물이 있다면 고치기를 주저하지 말아야 할 일이다. 회개의 은혜도 받아야 하는 모양이다.

복을 받으려면

예레미야 7

한 세상을 살면서 하나님의 백성이 된다는 사실은 엄청난 축복이다. 우리는 이 사실을 제대로 알고 살아야 한다. 수없는 증인들을 통해서 분명히 전해진 사실을 감사함으로 받아 누리는 사람은 참으로 복 있는 사람이다. 본문은 믿음에서 멀어진 예루살렘 사람들을 향해서 전해주는 예레미야의 귀한 말씀이다.

신앙을 가지되 잘못된 신앙을 가진 사람들이 아쉽게도 적지 않음을 종종 보게 된다. 어떻게 해야 하는가? 겸손한 마음으로 말씀을 치우치지 않고 날마다 듣고 또 들어서 하나님께 더 가까이 나아가야 한다. 사람이 늙으면 눈이 어두워져 더 이상 글을 읽을 수 없는 날이 온다. 그러기 전에 부지런히 귀한 말씀을 가까이 함은 복 중의 복이다. 잘못된 가르침이 수없이 많은 세상에 자칫 잘못하면 말씀을 소홀히 하기 쉽다.

예레미야는 1-15절에서 이른바 성전 설교를 하고 있다. 열심히 야훼께 예배를 드리러 성전에 오는 유다 사람들에게 전하라는 하나님의 지시를 따라 "너희 길과 행위를 바르게 하라"(3절하)고 한다. 내가 밟고 가는 길이 잘못되었다면 좋은 곳에 이를 수 없다. 하나님을 향해 나아가는 유다 백성의 길이 잘못 들었기에 선지자를 통해서 바로 잡아 주고 있는 것이다. 성전, 성전하면서 열심은 내는데 잘못된 성전주의는 아무런 유익이 없다는 말이다. 하나님은 성전보다 "이웃들 사이에 정의"(5절), "이방인과 고아와 과부를 압제하지 아니하며 무죄한 자의 피를 이곳에서 흘리지 아니하며 다른 신들 뒤를 따라 화를 자초하지 아니하면"(6절)이라고 직접적으로 가르쳐 주고 있다.

《논어》에서 공자는 제자들이 같은 주제로 질문을 하는데도 사람에 따라 다르게 대답하였다. 가령 같은 인(仁)이지만 그 사람이 인을 함에 부족한 것을 들어 인이라고 한다. 지금 예레미야가 말하는 정의와 사랑과 우상숭배는 당대의 유다인에게 잘못된 것을 단적으로 지적하고 있다. 9절에서는 반 십계명적인 그들의 태도를 말하고 있다. 가장 중요한 하나님의 뜻을 외면한 그들임을 지적한다. 그래서 그들이 좋아하는 성전은 성전이 아니고 "도둑의 소굴"(11절)이라고 하는 것이다. 도둑놈들이 와서 머리 숙여 제물을 바치니 말이다.

사실 세상 장소의 명예란 하루아침에 무너지고 만다. 아무리 화려하게 꾸며놓다 해도 그곳을 드나드는 사람들이 못된 사람들이라면 소굴의 이름을 얻을 수밖에 없다. 초막이나 궁궐이나 사람들의 눈에나 좋고 나쁘지 '저 깊고 깊은 산골 오막살이에도' 주님이 오셔서 기뻐하시기도 한다. 어떤 사람들이 거기에 있느냐는 그곳이 어떤 집이냐를 천 번 만 번 바꾸고도 남는다. 내 마음을 가꾸는 그릇이 무엇이면 어떠한가? 초라함은 내면화를 풍요롭게 하는 무궁무진한 자원이며 진원지이다. 이처럼 들뜬 세상에서 어떻게 그런 귀한 것을 발견하겠는가? 좀 더 바탕으로 내려가지 않으면 꾸며 놓은 것에 속아서 겉도는 삶을 살 수밖에 없을 것이다.

우리는 외면의 화려함을 구할 것이 아니라 먼저 내면의 풍요를 누리며 살아가는 비결을 얻어야 한다. 잘 꾸며 놓고 "도둑의 소굴"이란 소리를 듣는다면 얼마나 허망한 일인가? 교회를 화려하고 웅장하게 꾸미는 만큼 예배드리는 사람들의 마음을 더욱 가꾸지 않으면 책망은 더욱 크다는 것을 명심해야 한다. 교회가 남은 힘이 있으면 세상을 위해 무엇을 할 것인가를 생각해야 한다. 사람들이 볼 때 너희들의 궁전을 날마다 지어 잔치를 벌이는구나 하며 빈정댄다면 부끄러움을 감출 수 없는 것이다.

하나님은 "내가 처음으로 내 이름을 둔 처소 실로"(12절)에 가서 들어 보라고 하신다. 얼마나 잘 나가던 성소였던가? 그러나 그곳이 악명 높은 블레셋에 의해 난장판이 되고 무너지고 말았다. 실로는 믿는 사람들에게 엄한 경고를 하고 있다. 우리 중심의 성전, 우리 중심의 믿음은 하나님과 별 상관이 없는 것일 뿐 허망한 것이다. 유다는 지금 그때의 조상이 한 일을 되풀이 하고 있다 한다. 그래서 화가 난 하나님은 예레미야에게 "이 백성을 위하여 기도하지 말라"(16절)는 화를 전하고 있다. 그것은 그들이 "예루살렘 거리"에서 행하는 것을 보면 안다고 한다. 우상숭배가 그들이 하는 일이다.

"하늘의 여왕"(18절)이란 메소포타미아의 여신인 이쉬타르(Ishtar) 곧 비너스(사랑과 전쟁과 풍요의 여신)를 섬겼던 것이다. 그들은 희생제물과 번제물의 고기를 바치지만 큰 오해를 하고 있다. 하나님은 그 옛날 조상들에게 제사를 말하지 않고 오히려 "너희는 내 목소리를 들으라"는 신명기적 계약의 공식구(신 26:16-19)를 말했다고 한다. 물론 제사가 필요 없다는 말은 아니지만 제사의 근원은 하나님의 뜻을 따르는 것이다. 하나님과 그 백성이 되는 것은 하나님이 명령한 길로 가는 것이다.

제물을 무시하는 것처럼 보이는 통절한 풍자를 쓰고 있다. 하나님의 뜻을 순종함이 무엇보다 중요하다. "너희는 내가 명령한 모든 길로 걸어가라 그리하면 복을 받으리라"(23절)는 하나님 요구의 핵심이다. 그걸 못하고 있는 사람들이다. 그러니 머리털을 베고 산 위에서 통곡하라고 한다.

그들은 이방신에 빠져 힌놈 골짜기에서 "도벳 사당"(31절)을 지어 이방인의 종교의식처럼 자녀들을 불살라 제물로 바쳤던 것이다. 이런 인신 제물을 바친 것은 출애굽기의 첫 아이를 야훼께 바치라는 계명을 오해한 점도 있으리라 본다. 바알이나 몰록 등 이방신에게 바쳐진 이방인의 자녀 제물 의식이 일찍부터 유다인에게도 있어왔고, 요시야왕이 이를 금했지만 그가 죽은 뒤에 계속 되었던 것이다. 도벳이 너무 많은 시체 때문에 다 매장할 수 없었다고 한다. 얼마나 성행했으면 아이들의 시체로 빈자리가 없었을까? 하나님의 뜻을 제대로 알지 못하고 못된 짓을 함으로 유다 성읍이 저주를 받아 온갖 웃음이 사라진다. 어떻게 해야 하는가? "너희는 내 목소리를 들으라… 그리하면 복을 받으리라"(23절).

하나님의 뜻을 순종하는 사람은 복을 받는다는 사실 외에 다른 것이 아니다. 가장 쉽고 좋은 길을 찾아 순종할 때 복은 저절로 온다. 하나님의 목소리를 듣는 자 복을 받으리라.

황새도 때를 아는데

예레미야 8

사람은 지혜가 있어야 하지만 근원적으로 하나님께서 주시는 복이 있어야 한다. 하나님을 가까이 하는 것도 알고 보면 복이 있기 때문이다. 복이 없으면 무엇이 나를 하나님으로부터 멀리해도 그것을 알 수 없다. 그러니 쉼 없이 하나님을 가까이하는 노력을 멈춰서는 안 되는 것이다.

본문에서 이를 절실히 느낄 수 있다. 어째서 유다의 왕들, 지도자들, 제사장들, 선지자들, 예루살렘 백성들의 뼈가 무덤에서 끌어내게 되는 비참한 꼴이 일어나는가? 죽은 자까지도 능멸 당하는 일은 참으로 눈 뜨고는 볼 수 없는 일 아닌가? 옛적에 우리나라에서 부관참시(剖棺斬屍)라는 극형이 실시되는 것을 볼 수 있었다. 얼마나 죄를 저질렀으면 마른 뼈를 무덤에서 꺼내어 목을 베는 죄를 묻겠는가? 그토록 부끄러운 일이 있을 수 없다. 하나님은 지금 그런 부관참시(剖棺斬屍)나 다름없는 심판을 예루살렘 지도자와 백성에게 행하시겠다고 한다.

왜 그런 참혹한 심판이 그들에게 내려진다고 말씀하시는가? 우상숭배가 그들의 죄목이다. "해와 달과 하늘의 뭇 별"(2절)을 "사랑하고 섬기며 뒤따르며 구하며 경배"(2절)한 것이 그 원인으로 지목되고 있다. 그들은 뼈가 무덤에서 꺼내져 지면에서 분토로 뒹굴고, 살아 있는 자들은 그들보다 더 비참하게 되어 차라리 "죽는 것을 원하리라"(3절하)고 한다. 이는 비유적인 표현으로 그들이 당할 심판의 혹독함을 말해 준다. 그 땅의 사람들이 그동안 무엇을 했는가? 예레미야가 회상하기를 "어찌 … 아니하겠느냐?"라고 반문하고 있다.

여기 특히 히브리어 "슈브"라는 동사를 써서 말놀이를 하고 있는 것을 보게 된다. '돌아오다'라는 말은 회개를 의미하는 말로 여기서 여러 가지 표현을 하고 있다. 그래서 그들의 문제는 돌아오지 않는 것이다. 아무리 예레미야가 들어 보려고 해도 그들에게서 참회의 말들을 듣지 못했다는 것이다. 대신 그들은 "각각 그 길로 행하도다"(6절하)라고 한다.

우리가 흔히 듣는 말로 '어른 말 안 듣고 제멋대로 하는 놈 잘되는 놈 없다'고 선하신 그분의 말을 듣지 않는 예루살렘 사람들을 탓하고 있다. 그들은 나는 새들도 때를 아는데 유다 백성은 하나님의 규례를 모르니 무슨 좋은 일이 있겠는가고 말한다. 완고하여 지각없는 백성의 모습을 단적으로 말하고 있다. 새만도 못한 백성을 지적하고 있으니 얼마나 그들이 지혜가 없는 백성인가?

그들은 지금까지 야훼의 율법을 가장 잘 아는 백성으로 가장 지혜로운 백성이라고 생각하며 산 백성들이었다. 특히 종교 지도자들은 하나님의 율법을 가진 자로서 예레미야가 전하는 말을 들으려하지 않는다. 스스로 지혜 있다 하며 율법에만 의지하고 생생하게 임하는 예언의 말씀이 요구하는 것을 외면하는 우를 범하고 있다. 하나님의 뜻을 아는 일은 율법의 자구에만 매달린다고 되는 것이 아니다. 율법을 전문으로 연구하는 서기관들과 예수님 사이에 벌어지는 논쟁은 이를 잘 대변하고 있다. 결국 그들은 하나님의 진정한 뜻을 따르지 않는 잘못을 저지른다.

그래서 "지혜롭다 하는 자들은 부끄러움을 당하며 … 그들이 야훼의 말을 버렸으니 그들에게 무슨 지혜가 있으랴"(9절)고 한다. 때문에 그들은 지혜도 없고 오히려 거짓을 행하고 백성의 상처를 가벼이 여기며 평강이 아닌데도 "평강하다, 평강하다"(11절)고 헛소리를 하고 있다. 잘못을 저지르고도 얼굴도 붉힐 줄 모르는 사람들이 어찌 벌을 받지 않겠냐고 한다. 그들의 밭에서는 포도도 없을 것이며 무화과도 없어지고 잎이 마를 것이라 한다. 뿐만 아니라 저 북쪽에 있는 단에서부터 준마들이 우는 소리가 온 땅을 진동하고 주민을 삼킨다고 한다. 또한 뱀과 독사로 비유되는 심판이 다가옴을 말한다.

예레미야는 이런 속 타는 지경에서 탄식하고 있다. 백성들의 처지가 너무 슬퍼서 견디지 못한다. 어떻게 "내 백성"이 위로를 받을 수 있을까? 그 정도가 심해서 예레미야의 마음이 병들었다고 한다. 좋은 때가 왔어도 구원이 없으며 백성의 상함 때문에 슬픔이 넘치고 놀라움이 그를 사로잡았다고 한다. 어떻게 하면 그 백성의 치유할 길이 있겠는가 하며 괴로워하고 있다.

요시야의 종교개혁 이후 사람들은 진정한 회개를 하지 않고 오히려 야훼의 율법을 가지고 율법대로 산다고 자만하고 있었다. 자구에 매어 굳어지면 껍데기 신앙되기 쉬운 것을 알아야 한다. 신앙이 빗나가 잘못되고 있을 때에 하나님의 예언자가 나서서 바로 인도하지만 지도자들과 그 백성이 들은 척도 안하니 다가올 재앙에 하나님의 사람만 속이 타고 있다.

하나님의 뜻이 무엇인지 날마다 생각하며 자만하지 않고 회개하는 태도는 우리 모두에게 절실하게 요구되고 있다.

하나님을 아는 자랑

예레미야 9

사람이 눈물을 흘리며 우는 것은 그렇게 흔한 일은 아니다. 목놓아 우는 일이 일생에 몇 번이나 될까? 사람으로서는 어쩔 수 없는 지경에서 흔히 눈물을 흘리며 운다. 더구나 하나님이 우신다는 일은 좀처럼 이해하기 어려운 일이다.

하나님은 "죽임을 당할 딸 내 백성"(1절)을 위해서 주야로 운다고 하신다. 얼마나 슬펐으면 그렇게 밤낮 울고 계실까? 말할 수 없이 사랑하는 백성이 무엇을 어떻게 했기에 하나님은 주야로 우신다고 하실까? 한마디로 그들이 간음한 자, 반역한 자의 무리가 되었기 때문이다. 하나님을 떠난 자들에 대한 우회적인 표현이다. 그리고 그들은 거짓, 진실하지 않음, 행악으로 하나님을 알지 못한다고 한다. 이웃과 형제를 만나되 "완전히 속이며"(4절)라고 하여 사랑은커녕 해악을 일삼았다는 것이다.

하나님을 아는 자는 그 말씀에 청종하여 진실하고 사랑하며 신실함으로 살아가지만, 그들은 하나님을 외면하고 못된 짓을 하고 있다. 여기에서 속인다는 말이 속이는 자 야곱의 어원과 유사해서 말놀이를 하고 있다. 호세아처럼 조상에 그 근원을 찾아 말함으로 그 뿌리가 깊음을 말하고 있다. 마치 부모가 그런 자식을 걱정하듯이 하고 있다. "내가 내 딸 백성을 어떻게 처치할꼬?"(7절하) 하나님으로서도 고민이 참 많았음을 보여 주신다. 그 결론으로 녹이고 연단한다고 한다. 새롭게 빚지 않으면 그 버릇이 결코 없어질 것 같지 않아서 녹이고 두드리는 것이다. 새롭게 정화하는 과정을 풀무불에 연단하는 것으로 표현하는 경우가 많다.

그러니 그 연단이 얼마나 견디기 힘든 일인가? 그들은 입과 마음이 따로 놀고 좋은 말치레만 한다. 그들은 평화를 말하지만 정작 하는 짓은 해악이다. 그래서 예루살렘 산천이 황무지가 되고 승냥이 소굴이 되고 말 것이다. 누가 이 일을 아는 자인가 하고 묻는다. 이스라엘 백성은 하나님의 율법을 버리고 그 목소리를 순종하지 않는 사람들이다. 훌륭한 조상들은 얼마나 하나님을 순종하고 어려움 속에서도 그분을 바라보며 살아갔던가?

이제 그들은 곡하는 여인들의 흐느낌을 들으며 슬픔에 잠겨야 한다. 여인들이 이스라엘을 위해서 애곡하고 눈에서 눈물이 떨어지게 하며 눈꺼풀에서 물이 쏟아지게 한다. 어디를 보아도 솟아날 곳이 없다. 예언자의 비유들은 어느 하나도 감당하기 쉬운 말이 보이지 않는다.

이제 그는 보편적인 참된 가치를 야훼의 말씀으로 선언하고 있다. 지혜롭다는 사람, 용맹하다는 사람, 부하다는 사람들이 세상에서 그들만이 가졌다는 것들을 자랑하고 살지만 이제는 그런 것들이 아무것도 아님을 말한다. 그게 진정한 가치가 못됨을 선언한다. 지혜, 용맹, 부가 사람들이 추구하는 것들이지만 알고 보면 하나님 앞에서 보잘것없는 것들이다. 그 대신 참으로 자랑할 것이 있는데 "명철하여 나를 아는 것과 나 야훼는 사랑과 정의와 공의를 땅에 행하는 자인 줄 깨닫는 것"(24절)이라고 한다.

그러나 사람들은 그것을 외면하고 썩어질 것들만 찾고 있다. 사람들이 한 세상을 살면서 사랑과 의를 위해 믿음으로 산다면 얼마나 하나님이 기뻐하는 삶이겠는가? 하나님이 세우신 사랑과 의는 세상의 어떤 가치보다 귀하고 값진 것이다. 그것의 결핍을 절실히 느낀 예언자는 갈급해서 안절부절 못하고 있다. 하나님의 말씀을 순종하면 거기에 사랑이 있고 의가 있으련만 바알신과 온갖 우상숭배로 타락해서 사랑도 의도 없는 배신의 삶을 살고 있다. 이스라엘은 말로만 할례를 받았지 마음에 없는 할례로 효력 없는 삶을 살고 있다. 그래서 화를 당할 수밖에 없는 것이다.

우리는 어쩌다 이렇게 된 백성인가를 생각하며 진정 하나님이 날마다 우리에게 원하는 것이 무엇인지를 깨달으면서 살아야 할 것이다. 《논어》에 '고-불고면 고재고재아'라는 말이 있다. 풀어 말하면 '모난 그릇이 모나지 않으면 모난 그릇인가 모나지 않은 그릇인가?'라는 말이다. 무엇이든지 그 원래의 모습이 있어야지 그렇지 못하면 다른 것이 되고 만다. 하나님의 백성은 그 백성다운 모습이 있어야지 그 모습을 잃고서는 그 백성이라고 하겠는가? '…다운 구석'은 상덕(常德)이다. 항상 변치 않고 굳게 지켜야 할 하나님의 덕을 생각하며 살아야 할 것이다.

잃어버린 것을 찾아서 새롭게 하려는 하나님과 선지자는 얼마나 안타까워 고심하는가? 하나님의 칭찬은 어디서 오는가?

방 빼라

예레미야 10

이스라엘은 참과 거짓 사이에서 헤매고 있다. 그토록 철저하다는 이스라엘 사람들이 하나님이 가장 싫어하는 우상과 이방신에 빠져든 것은 무슨 이유일까? 다른 많은 이유를 들 수 있겠으나 한마디로 신앙심이 독실하지 않았기 때문이다. 하나님에 대한 믿음이 돈독했다면 어떤 시대 어떤 환경이 온다 해도 신앙만은 굳게 지키면서 살았을 것이다.

당초 하나님은 이스라엘 백성이 가나안 땅에 들어갈 즈음 이런 문제를 예상하시고 철저히 준비시키셨다. 그곳의 문화와 종교를 경계시키는 말씀이었다. 유혹 당하기 쉬운 백성을 향한 다짐이었다. 우리 기독교인도 살아가면서 다양한 문화와 종교에 접하고 살 수밖에 없지만 내 종교에 바른 도리를 갖추지 못한다면 헤매는 이스라엘 백성과 다를 바 없는 것이다.

예레미야는 야훼의 말씀을 빌려 "여러 나라의 길을 배우지 말라" (2절)고 한다. '길' 이라면 삶의 방도를 말한다. 이방 사람들이 살아가는 방도 가운데 따르지 말아야 할 부분이 있다. 다른 것은 같이 할 것도 있으나 신앙생활은 절대적으로 구분되어야 한다. 주변 나라 사람들은 천체를 숭배하고 두려워하는 풍습으로 헛되고 망령된 짓을 했던 것이다.

어느 나라든 풍속이 있기 마련이다. 그들 나름대로는 의미가 있을지 모르나 객관적으로 보기에는 퇴폐로 치닫는 것이 없지 않다. 이스라엘은 지금 그들의 신앙에 해가 되는 풍속으로 빠져들고 있어 선지자는 이를 경계하고 있다. 그 가장 심각한 것이 나무와 은과 금으로 만든 우상이다. 그것들은 도끼와 장도리 같은 도구로 만든 것으로 헛것이며 화도 복도 주지 못한다고 한다.

다시 말해 야훼 하나님 같은 분이 없다고 고백한다. 출애굽기와 시편에서도 그와 같은 고백이 있다. 나무나 은금으로 만든 우상은 아무것도 아니지만 야훼는 세상의 왕들도 경외하지 않을 자가 없다고 한다. "오직 야훼는 참 하나님이시요 살아 계신 하나님이시요 영원한 왕이시라…"(10절). 여기서 무엇을 더 찾겠는가? 더 이상의 어떤 존재도 없다. 하나님은 권능으로 땅을, 지혜로 세계를, 명철로 하늘을 지으시고 삼라만상이 제 구실을 하게 만드셨다. 그런데 사람들은 어리석은지라 손끝으로 신상도 만들고 거짓된 것을 만들고 헛된 것을 지어 속이고 속고 있다.

하나님의 피조물이 어떻게 신이 되고 능력이 되며 숭배의 대상이 되겠는가? 만드는 자도 피조물, 만들어진 것도 피조물로 모두가 힘없는 것이다. 그래서 "사람마다 어리석고 무식하도다"(14절)라고 탄식하고 있다. 근본을 모를 때 그는 진정 무식한 사람 소리를 들을 수밖에 없다. 다른 것은 몰라도 우리들의 근원이신 하나님만은 똑바로 알아야 진정한 지혜와 명철을 가졌다는 소리를 들을 것이다.

이스라엘은 지금 이를 모르고 호된 매를 맞을 차례가 되었다. 그래서 "네 짐 꾸러미를 이 땅에서 꾸리라"(17절)고 한다. 관계를 끊을 때에 흔히 '방 빼라'는 말을 쓴다. 그처럼 이스라엘에게 허락한 땅을 비우라는 주인의 명령이 떨어진 것이다. 정말 그들은 이제 노숙인이나 다름없는 신세가 되었다. 어디로 갈 것인가? "내던질 것이라"(18절) 하여 버려진 헌 짚세기 신짝이 된 것이다. 지나가는 누구 하나 거들떠보는 사람이 없다. 그리함으로 하나님은 "그들을 괴롭게 하여 깨닫게 하리라"(18절)고 한다.

이 모든 과정을 본 선지자는 그 마음이 괴롭기 그지없다. 모든 근거가 무너진 상태가 되었다. 목자와 양 떼는 모두 흩어지고 북방의 세력이 몰려와서 유다 성읍이 황폐하여 승냥이의 소굴이 된다고 한다. 먼저 이 사실을 아는 눈물의 선지자 예레미야는 하나님께 자기 백성을 너그러이 용서하시고 자기를 대신 징계해 달라고 애원한다. 왜냐하면 그들의 걸음은 분별력이 없으며 자신의 뜻대로 하지 못하고 있음을 아뢴다. 대신 그렇게 만든 이방 사람들과 족속에 분노를 부어달라고 호소하고 있다. 자신의 동족을 옹호하고 하나님의 용서를 간절히 소원하는 안타까운 선지자의 모습이다. 이스라엘이 당할 것을 생각하며 절절한 심정을 토로하고 있다.

만사는 모두 때가 있는 법이다. 소를 잃기 전에 외양간을 고쳐야 하는 것이다. 우리 유행가 제목에 '있을 때 잘 해'라는 곡이 있다. 우리에게 기회가 주어진 때를 잘 선용한다면 무슨 그런 걱정스런 일이 오겠는가? 죽음이 다가온 시점에 아무리 후회한들 무슨 소용인가? (믿을 수) 있을 때에 잘 믿어야 한다.

선지자의 심정

예레미야 11

헬라의 한 철학자는 '만물은 유전한다'고 했지만 정말 세상에 변하지 않는 것이 없다.

야은(冶隱) 길재(吉再)가 '…산천은 의구하되 인걸은 간 데 없네…'라고 읊으면서 오백년의 도읍이 황폐하고 사람들이 사라진 것을 한스러워하는 것을 볼 수 있다. 그 옛날에는 산천은 변하지 않았는데 오늘날은 산천도 사람에 의해서 마구 변하는 것을 보게 된다. 이 변하는 세상에서 변하지 말아야 할 것 중의 하나가 신앙인의 자세다. 신앙인이 변한다면 날마다 더욱 하나님께 가까이 가는 변화여야 할 것이다. 그러나 날마다 더 멀어져 가는 변화는 위기를 가져올 수밖에 없는 것이다.

변해야 산다는 요즈음의 구호들이 사람을 현혹하고 있지만 참으로 잘 새겨들어야 한다. 공자도 한 때 '호고(好古)'를 잘 한다고 말한 적이 있다. 온고이지신(溫故而知新)이란 옛것을 익혀 새것을 아는 것이다. 예부터 믿어온 신앙, 이는 후세인이 본받아야 할 유산이다.

예레미야는 그 당시 사람들이 하나님을 떠나 이상한 종교를 받음으로 변해 버린 것을 애달아하고 있다. 야훼 하나님이 예레미야와 이야기 하면서 말씀을 전하라고 한다. “이 언약의 말을 따르지 않는 자는 저주를 받을 것이니라”(3절). 그것은 일찍이 신명기 27장이나 29장에서 수없이 나온 예고된 말씀이다. 거기서는 백성들이 저주의 말씀에 한 마디 한 마디마다 아멘으로 확인하는 것을 볼 수 있다. 그 때에 순종에는 백성이 되고 하나님이 되는 영광과 여러 가지 선물이 따르지만 그렇지 않으면 저주가 있다고 했다. 이제 그것을 되새기실 때 백성을 대신해서 선지자가 아멘으로 진지하게 받아들이고 있다. 모두 떠나고 혼자 남은 심정으로 하나님 앞에서 엎드리고 있다. 그가 해야 하는 일은 유다 성읍과 예루살렘 거리를 다니면서 “너희는 이 언약의 말을 듣고 지키라”(6절하)는 말을 전하는 것이다.

우리는 흔히 청종(聽從)이란 말을 쓴다. 듣고 따르는 일이 예루살렘 사람들이 한시도 잊지 않고 해야 하는 일이다. 그런데 그들은 이를 행하지 않고 “그 악한 마음의 완악한대로 행하였으므로”(8절)라고 해서 어긋나 있음을 보여 준다. 그래서 그들은 “반역”한 주민이라고 한다. 하나님을 거절하고 다른 신들을 섬기는 못된 짓을 한 것이다. 그러니 이제는 약속한 대로 재앙을 그들에게 내리시겠다고 한다. 그 재앙은 그들이 부르짖는다고 해도 소용없고 그들이 섬기는 신에게 애걸해도 소용없는 재앙이다. 모든 문제는 하나님께 달려 있는데 하나님을 떠나 문제의 해결이 있을 수 없는 것이다.

하나님은 예레미야를 향해 “이 백성을 위해 기도하지 말라”(14절)고 하여 기도하지 말라는 폭탄 선언을 하신다. 백성을 위한 중보기도도 필요 없다고 하실 만큼 백성을 향한 하나님의 진노가 크다. 세상의 어떤 사람을 위해서도 기도는 할 수 있는데 그 기도마저 거부당하는 모습은 심히 거절하시는 하나님의 모습을 엿볼 수 있다. 아무도 이렇게 되어서는 안 된다. 기도할 것이 없다면 붙잡을 실오

라기 하나 없는 버림이다. 하나님께 그런 소리를 들은 선지자의 심정은 어떠했을까? 예루살렘을 위한 기도는 듣지도 않겠다는 말씀은 그 백성이 얼마나 하나님을 화나게 하셨는가를 단적으로 보여 준다.

이런 때에 예언하는 사람은 할 일이 무엇이겠는가? 그냥 숨고만 싶은 심정 외에 아무것도 없었을 것이다. 예레미야는 가운데 끼어서 백성에게 배척을 받고 하나님께도 받아들여지지 않으니 얼마나 견디기 힘들었을까? 하나님은 그 백성이 성전에서 희생제물은 드리나 그것이 재난을 피하게 못하고 감람나무 위에 피운 불처럼 속절없는 형국에 이르렀다고 한다.

우상과 바알신을 섬기면서 하나님의 전에 희생제물을 바치는 것은 가증스러운 짓이 아닐 수 없다. 하나님의 이 극단적인 진노를 전하는 예레미야에게 동포들은 죽이려 들고 있다. 그는 하나님께 원통함을 아뢰지만 시원한 것이라고는 하나도 없다. 선지자의 고향 아나돗 사람들이 사자처럼 덤비면서 "너는 야훼의 이름으로 예언하지 말라 두렵건대 우리 손에 죽을까 하노라"(21절하)고 한다.

고향 사람들의 암살 계획을 듣고 치를 떨지 않을 수 없었다. 그러나 하나님은 다시 말씀하시기를 청년이 죽고 자녀가 기근에 죽을 것이라는 재앙을 알려 주심으로 사방에 죽음만을 듣는 혹독한 지경에 이른 것이다. 안개 낀 다리 위에서 양쪽의 차들이 멈출 줄을 모르고 달려만 가는 모습이다. 시간은 점점 다가오고 마침내는 폭발하고 마는 그 시점이 오는데 누가 이 재앙을 멈추게 할 것인가? 폭발하고 사라져야 하는가?

예레미야의 혹독한 고민은 거기에 있다. 신호를 무시한 채 달리는 차가 오래 갈 수는 없는 것이다. 그 시대에 주어진 표징인 말씀을 무시한 채 탈 없이 지탱할 수는 없다.

내 백성의 도

예레미야 12

사촌이 논을 사면 배가 아프다는 옛 속담이 있다. 이런 말이 나오게 된 배경을 생각해 보면 아마도 우리가 궁핍하게 살다보니 마음들이 여유가 없어 그렇게 발전한 것이 아닌가 한다. 우리의 속이 널찍하다면 웬만한 일쯤은 품고도 남을 것이다.

예레미야가 하나님께 나아가 하는 질문이 그런 류를 크게 벗어나지 못한 것으로 보인다. "주께서 의로우시니이다 그러나… 악한 자의 길이 형통하며 반역한 자가 다 평안함은 무슨 까닭이니이까" (1절). 정의로우시고 공평하신 하나님께서 어찌하여 못된 놈들이 잘되고 착하고 순종하는 사람이 힘든가가 그의 의문이었다.

이것은 비단 예레미야의 질문만은 아니었다. 하박국, 욥, 시편 기자도 비슷한 질문을 한다. 뿐만 아니라 오늘날도 많은 사람이 갖는 질문이기도 하다. 그는 이어서 하나님이 그들을 낸 것이 아니냐고 더 묻고 있다. 그들이 죽임을 당하는 것은 필연이며 마땅히 그래야 한다고 하는 예레미야는 좀 민망스럽기까지 하다. 그러나 그가 사는 땅의 모습이 너무 황당하게 되어 견딜 수 없는 지경임을 감안하면 그렇게 하지 않을 사람이 없겠다 하는 생각을 갖게 된다.

그 땅이 황무하고 살 수 없는 절망이기 때문이다. 철저히 응징하심으로 하나님은 그들의 "나중 일"(4절)을 알지 못한다는 비난을 묵살시켜야 한다는 것이다. 당시 사람들은 하나님이 무능한 신들 가운데 하나라고 무시하는 태도를 보였기에 그런 촉구를 하고 나선 것이다.

오늘의 불신적 풍조도 그런 생각이 있기에 여간해서는 하나님을 모르쇠 하는 것이 아닌가? 하나님은 이런 선지자에게 또 다른 말씀으로 깨우쳐 주신다. "네가 보행자와 함께 달려도 피곤하면 어찌 능히 말과 경주하겠느냐"(5절). 그가 당하는 시련은 아직 걸음마 단계일 뿐 더 큰 것도 있다는 말을 암시하고 있다. 선지자는 더 큰 어려움도 각오하고 있어야 한다는 말이다.

이제까지는 남이라 그러려니 했겠으나 심지어 친 형제, 아버지까지도 속이는 처지가 된다니 도를 넘어선 것이다. 이것은 기반이 붕괴된 심각한 상황이 아닐 수 없다. 예레미야는 그야말로 충격을 받지 않을 수 없었다. 하나님은 "내 집을 버리며 내 소유를 내던져…"(7절) 버렸다고 한다. 성전과 민족을 버린 것이다.

예레미야는 다시 이사야의 포도원 알레고리(이사야 5:1-7)를 들고 있다. "많은 목자가 내 포도원을 헐며 내 몫을 짓밟아서 내가 기뻐하는 땅을 황무지로 만들었도다"(10절). 포도원은 하나님의 백성인데 이 포도원이 헐리고 짓밟히고 마침내 황무지가 된 것이다. 이방의 무리들이 쳐들어와서 이스라엘을 황무지로 만들었다고 하나님은 탄식하고 있다.

황무지에 "밀을 심어도 가시를 거두며 수고하여도 소득이 없은즉 그 소산으로 말미암아 스스로 수치를 당하리니…"(13절) 이것이 다 하나님의 분노라고 한다. 하나님의 보호와 사랑을 받는 자가 그

보호를 벗어나면 참으로 위험한 상태로 내버려진다. 하나님은 산성이라 하셨는데 그 산성을 벗어나 어디서 그런 보호를 받겠는가? 그 품안에 있을 때는 나의 평화와 안전이 무엇인지 제대로 알지 못하다가 그 그늘을 떠났을 때 비로소 그 사랑을 알 것이다.

이제 하나님은 백성을 괴롭힌 이웃 나라를 치는 말씀을 하신다. "그 땅에서 뽑아 버리고…"(14절하)라고 하여 그들을 쫓아내고 새로운 사람들을 불러 "그 땅으로 다시 인도하리니"(15하)라고 한다. 그들이 구체적으로 누군지는 밝혀주지 않으나 그들로 하여금 "내 백성의 도"(16절)를 부지런히 배우게 하고 내 백성 가운데 세우시겠다고 한다. 이 모든 것이 하나님의 계획이다. 하나님의 백성의 도는 사람이 이 땅에서 사는 본분이다.

백성의 도를 벗어나면 하나님과 함께 하는 길에서 멀어진 것이다. 하나님의 백성의 도야말로 우리가 세상을 사는 동안 잊지 말아야 할 가장 소중한 본분이다.

썩은 허리 띠

예레미야 13

선지자는 자주 그의 말씀의 선포에서 비유적인 표현이나 상징적 어법을 사용한다. 단순한 직설법은 진부해서 더러는 이런 어법을 통해서 그가 전하고자 하는 말씀을 극적으로 표현하여 듣는이의 가슴에 깊이 각인하고자 하는 것이다. 같은 말이라도 듣는 사람을 향해 좀 더 잘 전할 수 있는 방법이 무엇인가는 모든 말하는 자의 연구 대상이 될 것이다.

예레미야가 그토록 자신의 동포가 회개하고 하나님 앞에 나아오기를 바라면서 애쓰는 모습은 참으로 안타깝기 그지없다. 그의 속이 숯덩이처럼 검게 타버렸다고 해도 과언은 아니다.

하나님이 먼저 그를 향해 베로 된 띠를 사서 허리에 차되 물에 적시지 말고 그 허리띠를 유브라데 물가로 가서 바위틈에 감추라고 한다. 여기 유브라데는 그 음이 비슷한 아나돗 북동으로 한 시간 남짓 걸으면 되는 요단강의 지류로 많이 받아들인다. 만약 메소포타미아의 유프라테스강을 말한다면 왕복 700마일이나 되어 본문의 상황에 어울리지 않으나 바벨론 포로를 암시하는 데 사용된 말로 이해되어야 할 것이다.

예레미야는 하나님의 명령대로 물가에 허리 띠를 감추고 여러 날이 지난 후 하나님이 다시 말씀하시기를 감춘 띠를 가져오라 해서 띠를 가져오려니 띠가 썩어서 쓸 수 없게 되었다고 한다. 이 사실을 놓고 하나님이 말씀 하시기를 유다와 예루살렘의 교만이 이 썩은 허리 띠 같다는 것이다. 그들이 교만해 봤자 썩은 허리 띠처럼 아무 소용없는 것이다. 교만해서 하나님의 말씀도 안 듣고 제멋대로 이방신들을 따라가는 못된 짓만 했던 것이다.

이 띠를 차는 예레미야가 하나님이라면 허리띠는 유다와 예루살렘 백성이다. 선지자가 차려고 했더니 썩어 쓸모없이 된 것이다. 하나님의 백성은 하나님의 명예와 영광이라고 한다. 얼마나 좋은 말인가? 별것도 아닌 사람들을 뽑아 하나님의 영광이 되고 명예가 된다니 말로는 할 수 없는 특권이었는데 그것을 스스로 박차고 쓸모없는 존재가 된 것이다.

다음은 모든 가죽부대가 포도주로 차게 하여 이 땅의 주민과 다윗 왕조 그리고 제사장, 선지자가 잔뜩 취하여 제정신을 잃고 좌충우돌하게 된다는 것이다. 그들은 술을 가득 부은 가죽부대처럼 곤드레만드레하여 이미 사람이 아니다. 어느 시대이건 개인이나 집안이나 술로 망하는 것을 수없이 볼 수 있다. 그래서 "너희는 들을지어다 귀를 기울일지어다 교만하지 말지어다"(15절)라고 한다.

그 대신 어둠이 되기 전, 빛이 변해 그늘이 되며 침침한 어둠이 되기 전에 하나님께 영광을 돌리라고 한다. 그들의 교만 때문에 예언자는 물러가서 은밀한 곳에서 눈물을 흘린다. 이제 그들은 왕과 왕모가 잡혀 포로로 끌려가는 참혹한 현실로 다가가고 있는 것이다. 주전 597년 제1차 바벨론 포로로 여호야긴왕과 어머니 느후스다가 많은 사람들과 함께 끌려가는 일이나, 587년의 사건을 내다보고 하는 말이다.

국난이요 국치가 다른 것이 아니다. 포악한 적의 손에 내 운명이 맡겨진 상태를 두고 하는 말이다. 북방의 사람들이 와서 왕국을 유린할 때에 그 아픔이 마치 산고를 치르는 여인 같다고 한다. 쓰라린 고통을 어떻게 참겠는가 를 묻는다. 예루살렘은 마치 창녀처럼 살아 이제 그런 대접을 받더라도 원망해서는 안 된다. 내가 왜 이렇게 되었지 한탄해 보아야 소용없는 일이다. 그것은 마치 구스인이 그 검은 피부를 희게 못하고 표범이 얼룩점을 변하게 할 수 없는 것과 같은 것이다.

왜 그런가? 악에 익숙해 있기 때문이다. 우리는 흔히 습관은 제2의 천성이라고 한다. 그만큼 근원적이며 철저한 것이다. 바울은 악은 그 모양이라도 버리라고 했는데 악에 습관된 삶이 얼마나 무서운가를 실감한다. 삶이 온통 악에 쩌들어 악이 곧 삶의 과정인 지경이 된 것이다. 이는 마치 흑인이 백인이 되지 못하는 것처럼 불가능한 일이다.

그래서 이제는 심판 외에 아무것도 없다. 사막의 바람에 날려가는 검불과 같이 된다. 사막 바람이라면 상상을 초월하는 강한 바람인데 날려서 어디로 흩어질지 아무도 모르고 관심도 없다. 예루살렘 백성의 간음과 마치 짐승들의 발정하는 소리들, 산 위에서 이방 신들에게 하는 음란한 제사, 비도덕적인 의식을 다 보았다고 한다. 그들 앞에 엄청난 재앙이 다가 오는데 그것도 모르고 우상숭배를 일삼는 것을 한탄하고 있다. 그럼에도 하나님은 예루살렘을 어떻게 정화할까에 관심을 가지신다. "예루살렘이여 네가 얼마나 오랜 후에야 정결하게 되겠느냐?"(27하)라고 한 가닥 희망을 가지신다.

과연 그들은 예언자의 절절한 절규를 듣고도 어떻게 살아 가는가가 궁금해진다.

하나님의 눈물

예레미야 14

비가 오지 않는 가뭄이 계속된다면 모든 식물과 동물들이 살아갈 수 없는 것이다. 혹독한 가뭄이 얼마나 견디기 힘든 것인가는 그것을 겪어 보지 않고서는 알 수 없다. 때는 가뭄이 닥쳐 사람들이 기진맥진한 상태가 되었다. 옛날 가뭄이 잦을 때에 보면 가뭄에는 벌써 인심부터 달라진다. 먹을 것을 아끼고 내준 빚도 거두어들이며 빚도 주지 않는 움츠리는 각박한 때이다.

예레미야의 때에도 "성문의 무리가 피곤하여 땅 위에서 애통"(2절)하며 부르짖음이 위에 달했다고 한다. 서민들이 비가 안 와서 물을 얻지 못하고 죽을 지경이 된 것이다. 귀인들도 종들을 시켜서 물을 얻으려 백방으로 애를 썼지만 빈 그릇으로 돌아오며 "머리를 가린다"(3, 4절). 머리를 가린다는 것은 비탄의 몸짓을 의미한다.

우리의 몸에서 수분의 부족은 생명을 직접적으로 위협하는 무서운 현상이다. 다른 것은 몰라도 물을 안 마시고는 살 수 없는 것이다. 몸이 거의 수분으로 이루어져 있기 때문이다. 어디 사람만이 물을 먹고 사는가? 땅의 풀도 나무도 짐승들도 물이 있어야 사는 것이다. 물이 없으니 암사슴이 새끼를 낳아도 먹을 것이 없어 새끼를 버린다. 물이 얼마나 중요하고 비가 오는 것이 얼마나 필요한가를 알 수 있다.

예언자는 자기 백성의 처참한 꼴을 볼 수 없어서 하나님께 자비를 베풀어 달라고 애원하는 기도를 드린다. 그들의 타락을 고백하고 하나님께 구원자로 부르시며 뜨내기 나그네로 대하지 말아달라고 갈망한다. 자신들의 잘 되고 못 되는 것이 하나님의 이름과 명예에 관한 문제라면서 매달린다. 사람이 자기가 아쉬울 때는 염치, 체면 불구하고 지푸라기라도 잡고 애걸하며 못할 말이 없는 것을 보여준다. 자신들의 처지를 하나님의 명예로 결부하여 하나님을 위하는 척해야 하는가? 문제는 그들의 죄악 곧 우상숭배였다.

그래서 하시는 말씀이 선지자를 향하여 이 백성을 위하여 복을 구하지 말라고 하신다. 금식, 번제, 소제가 모두 소용없으며 이제는 기근과 전염병으로 멸하시겠다고 한다. 지금까지 선지자들이라는 자들이 나서서 없는 평강만을 외치고 거짓 예언을 일삼았다. 못된 것들이 판치고 있는 세상이었다. 거짓을 선포한 사람도 심판을 받을 것이요 그 말을 믿고 산 사람들도 심판을 받아야 한다. 하나님은 그런 악한 세상에 심판을 하시면서 밤낮으로 눈물로 지내신다. 그것은 내 백성이 큰 파멸과 중한 상처를 당했기 때문이다(17절). 죄지은 사람들로 인해 하나님까지 고통당하시는 모습이다.

우리는 여기서 벌을 내리시는 하나님과 그 벌을 받는 백성의 사이가 별개의 존재로 상관없는 사이가 아님을 발견하게 된다. 그 백성의 죄 때문에 참으로 아파하는 쪽은 백성이 아니라 하나님이시다. 먼저 걱정하시고 먼저 우시는 하나님의 모습은 죄악으로 말미암아 고통당하는 분이 하나님임을 알게 한다. 잘못된 자식은 고통이 먼저 그 부모에게 주어진 것을 알아야 한다. 하나님과 그 백성의 사이가 그토록 뗄 수 없는 밀접한 관계임을 깊이 깨달아야 하는 것이다.

우리 각자는 우리의 삶이기 전에 하나님을 대표하는 존재임을 알고 어떻게 살아야 하는가를 명심해야 한다. 하나님을 기쁘게 하는 삶인가 아니면 하나님을 가슴 아프게 하는 삶인가를 살펴야 한다. "하나님의 눈물"을 흘리게 하는 사람이 되어서는 무엇에 쓴다는 말인가? 예레미야의 동포들이 지금 그 거룩한 눈물을 빼고 있는 것이다.

선지자는 참으로 딱한 처지에서 고뇌에 시달리고 있다. 죄 많은 백성을 뒤로 하고 하나님을 따라다니면서 어떻게 하면 이 백성의 죄를 고쳐 하나님의 참다운 백성이 되는가가 온통 그 머리를 차지하고 있다. 평강과 좋은 것을 바랐지만 좋을 것이 없고 버림밖에 없으니 죽을 지경이다. 그는 계속해서 자기 백성과 조상의 죄를 고백하며 다시 한 번 세우신 언약을 기억해 달라고 애원한다. 그 방법밖에 다른 무엇이 있을 수 있겠는가?

지금 이토록 비가 오지 않아 말라죽게 되었는데 하나님이 아니면 아무도 이를 해결할 수 없는 것이다. 천지를 지으신 하나님이 아니고는 이방인의 우상이 아니라 그 무엇도 비를 내리게 못하는 것이다. 하늘의 소나기는 오직 하나님만 오게 하고 만물을 소생케 하는 것이다. 죽을 처지가 되어야 이방신이나 우상의 헛것임이 드러난다. 아무것도 도와주지 않는 것을 보며 온전히 하나님께 나오며 그 백성으로 살아야 하는 것이다.

하나님께 충성하는 사람은 하나님의 눈물을 빼게 한 백성들의 삶을 보면서 큰 경계를 삼아야 한다. 나의 한 행동으로 말미암아 하나님이 근심하고 걱정하고 심려를 끼쳐 마침내 눈물까지 흘리게 한다면 이 원통한 일을 어디 가서 해결하겠는가? 날마다 하나님을 기쁘게 하며 영광을 드려서 찬양하고 감사의 삶을 살아도 부족한 것이다.

내 마음의 즐거움

예레미야 15

예레미야의 고난은 계속되고 있다. 하나님이 얼마나 화가 났으면 모세와 사무엘이 내 앞에 있다 해도 그 마음이 백성을 향할 수 없을 뿐 아니라 그들을 쫓아내겠다고 하신다. 모세와 사무엘이라고 하면 더없는 하나님의 위대한 종들이었지만 설령 그들이 와서 빌어도 마음을 돌리지 않으시겠다는 결연한 의지이다.

백성의 갈 곳은 이제 "죽을 자는 죽음으로…칼을 받을 자는 칼로…기근을 당할 자는 기근으로…포로 될 자는 포로 됨으로 나아갈지니라"(2절)고 한다. 어느 하나 살아남을 자가 없는 막다른 죽음의 길이 그 백성 앞에 놓인 길이다. 이처럼 하나님이 한 번 인생의 가는 길을 막으시면 더는 살 길이 없는 것이다. 유다의 왕(특히 므낫세)을 비롯하여 모든 백성들이 정신을 차리지 못하고 하나님을 섬기지 못해서 결국은 이런 파국이 온 것이다.

얼마나 오랜 기간을 하나님이 그 백성을 위해서 참고 기다리며 돌아오기를 바라셨던가. 이제는 예루살렘을 불쌍히 여기며 더 이상

울 자가 없다고 한다. 그 이유는 "네가 나를 버렸다"(6절)는 데에 있다. 하나님이 먼저 그들을 버린 적이 없다. 전적으로 그들의 책임이다. 우리가 하나님을 떠나지 않는 한 하나님은 결코 우리를 버리지 않으신다. 이스라엘의 역사가 이것을 수없이 보여 준다. 하나님은 수없는 이스라엘의 배신에도 참으신 분이다. 그러기에 "내가 뜻을 돌이키기에 지쳤음이로다"(6절하)라고 한다. 누가 하나님을 지치게 하였는가? 사람들이 하나님을 지치게 하였다.

이래서 그들에게 다가오는 것은 참혹한 현실이다. 자식이 끊어지고 백성이 멸망하며 과부가 바다의 모래보다 많다고 한다. 남편이 죽고 자식이 죽으니 남은 과부들에게 무슨 소망이 남아 있겠는가? 그것을 표현하기를 "대낮에 그의 해가 떨어져서…"(9절하)라고 한다. 마음의 해가 떨어지니 앞이 캄캄할 수밖에 없다. 일곱을 낳은 여인이라도 하나님이 없으면 그 심령에 해가 떨어진 격이 되지 않을 수 없는 것이다. 이런 상황은 주전 597년 여호야긴 왕이 바벨론에 항복하는 사건을 관련해서 생각해 볼 수 있다.

예레미야는 탄식하고 있다. 어머니가 자기를 낳은 것을 한탄하며 모든 이웃들과의 불화를 못견뎌하고 있다. 사람들이 자기를 싫어할 이유가 없음에도 죽이려 덤벼드는 것을 괴로워하고 있다. 인간에게 가장 견디기 힘든 일은 사람들한테 소외당할 때다. 보는 자마다 저주를 퍼붓다니 어떻게 그가 혼자 이를 감당하겠는가? 하나님의 말씀 전달자로서 너무 힘든 지경에 놓여 있다. 이를 잘 아시는 하나님은 그에게 대답하고 있다. "내가 너를 강하게 할 것이요 너에게 복을 받게 할 것이며 내가 진실로 네 원수로 재앙과 환난의 때에 네게 간구하게 하리라"(11절). 상황이 완전히 뒤바뀌게 하시겠다는 말씀이다.

어쩌면 그는 하나님의 아픔을 대신 짊어지고 있는 셈이다. 그래서 먼저 아시고 이를 고쳐 주신다는 말씀이 아닌가? 북방의 철과

놋이 그들을 다스릴 무기이다. 나라 안의 모든 재산과 보물이 값없이 탈취를 당할 것이며 원수의 손에 잡혀 "알지 못하는 땅"(14절)에 이르게 된다고 한다. 예언자는 이런 하나님의 응답을 듣고 간청하며 자신은 "주의 말씀을 먹은 자"이며 "주의 말씀은 내게 기쁨과 내 마음의 즐거움"(16절)이라고 한다. 비록 그가 고난에 처해 있지만 그는 하나님의 종으로서 말씀이 자신의 기쁨이고 즐거움이라는 고백을 하고 있다. 믿는 자는 마땅히 이런 사람이 되어야 한다. 감격의 말이 아닐 수 없다.

그럼에도 그가 당하는 고통의 정도는 그를 비틀거리게 하고 있다. 이에 대한 하나님의 말씀은 예레미야가 하나님께 돌아와 바르게 하면 "너는 나의 입"(19절)이 될 것이라고 하신다. 그들에게 지지 않고 휩쓸리지 않는다면 하나님의 종 예언자로서 효력이 있다는 말이다. 그는 심한 고통 중에서도 굳세어야 하며 그들과 한 무리가 되어서는 안 된다는 말이다. 어떠한 곤경이 그를 덮친다 해도 하나님은 그를 보호하시며 "내가 너와 함께 하여 너를 구하여 건진다"(20절)고 함으로 확고한 보장을 하신다.

하나님의 위대한 종이 이렇게 힘든 상황에서 비틀거릴 정도가 된다면 보통 신앙인이야 얼마나 넘어지기 쉽겠는가? 사람들에 휩싸여 헤어나지 못하는 고통에 빠져 신앙의 위기가 닥칠 때마다 먼저 생각할 것은 "무서운 자의 손에서 구원"(21절)하시는 하나님의 구원을 바라보아야 한다. 그는 우리로 하여금 "견고한 놋 성벽"(20절)이 되게 하신다. 약속 있는 백성이라고 그 생이 편안한 것만은 아니다. 하나님의 길을 가다보면 때로 심한 어려움도 당하게 되며 말할 수 없는 고통에 빠지기도 한다.

갈등의 심연에서 반드시 기억해야 할 것이 "두려워 말라! 내가 너와 함께 하리라"는 확실한 약속을 믿고 죽음에 이르도록 따라가야 한다.

내 이름

예레미야 16

하나님의 종으로 붙들린 사람 가운데 참으로 견디기 힘든 사역을 하는 경우가 있다. 예레미야는 그러한 힘든 사역을 하는 종 가운데 하나이다. 한 인간으로서 많은 욕망이 있으련만 사적인 요구도 뒤로 한 채 오직 하나님의 뜻을 이루어가는 것은 얼마나 힘들었겠는가?

본문은 그러한 예레미야에게 다시 하나님의 무거운 짐이 지워지는 모습이다. 하나님의 말씀이 그에게 임해서 "너는 이 땅에서 아내를 맞이하지 말며 자녀를 두지 말지니라"(2절)고 하여 가장 받아들이기 힘든 말씀을 듣게 된다. 이는 인간으로서 가장 근본적인 인연을 원천적으로 끊어 버리는 요구이다. 그것은 앞으로 이스라엘이 당할 재난이 혹독하여 감당할 수 없기 때문이다. 슬퍼할 사람도 없고 시체를 묻어 줄 사람도 없으며 짐승들의 밥이 되고 만다고 한다.

"칼과 기근"(4절)은 15장 1-4절에서 언급하는 것처럼 그들이 당할 위기를 말해 준다. 전쟁과 굶주림은 육신을 누리는 모든 존재의 재난이 아닐 수 없다. 오늘날도 수없는 사람들이 전쟁과 폭력에 희생당하고 수없는 사람들이 또한 굶주림으로 죽어가고 있다. 하나님은 예레미야에게 초상집에 들어가서 애곡하지 말라고 한다. 하나님이 평강과 인자와 사랑을 제했기에 있는 일이기 때문이라고 한다. 누구보다도 그 백성에게 평강을 주시며 인자와 사랑을 베푸시는 하나님이신데 이렇게 된 것은 먼저 하나님의 아픔이었다. 초상이 나면 슬퍼서 온갖 예를 갖추어야 함에도 일체 그런 것들을 하지 말라고 하여 당연한 조처인 듯이 말씀하고 있다.

그들에게는 기쁘고 즐거운 일이 있어서는 안 된다. 예레미야는 본인 스스로 혼인을 해서는 안 될 뿐만 아니라 장례와 혼인식에도 참여해서는 안 되는 기막힌 일이 전해진 것이다. 인륜의 대사가 온통 폐지된 막대한 파국이 아닐 수 없다. 하나님은 예레미야가 전할 때에 그들이 도대체 "우리의 죄악이 무엇이냐?"(10절)고 물으면, 너희 조상이 우상숭배(하나님을 떠나 우상을 숭배하고 하나님의 율법을 지키지 아니한 것)한 것보다 더욱 악을 행했기 때문이라고 대답하라고 하셨다. 그들은 하나님을 순종하지 않고 각기 악한 마음의 완악함을 따랐기 때문이다. 그러니 하나님은 그들을 떠날 수밖에 없는 것이다.

하나님 없는 그들은 자연히 북방 민족들의 손에 달린 신세이다. 예레미야가 말하는 알지 못하는 땅으로의 유배는 북방 나라 바벨론으로의 포로를 의미한다고 하겠다. 약속의 백성이 나라를 잃고 포로로 잡혀감은 수치 중의 수치이다. 그런데 14-15절은 갑자기 쫓겨난 땅에서의 귀환을 말함으로 상당히 당황스런 변화를 말하고 있다. 그래서 어떤 학자들은 후대의 제2 이사야적 사상에 의존하는 후대의 산물로 말하는 사람도 있다. 이로써 심판의 혹독함을 좀 완화하려는 의도를 엿볼 수 있다고 한다.

그런데 16절 이하는 다시 심판을 말하고 있다. 어부와 포수는 후

려잡는 상징에서 이스라엘을 잡아가는 바벨론을 가리킨다. 그들은 마치 낚시에 걸리는 고기이며 포수의 활과 창끝에 놓은 짐승의 신세이다. 사냥감으로 이리저리 쫓겨 달아나는 처지이다. 그래서 그들의 죄를 배나 갚아야 하는 피할 길 없는 존재이다.

이러한 놀라운 사건을 통해서 결국은 모든 백성들이 하나님이 어떤 분이신가를 알고 돌아오는 날이 이르게 된다. 그들은 힘이시며 요새이시며 피난처로 하나님을 새롭게 깨닫고 "우리 조상들의 계승한 바는 허망하고 거짓되고 무익한 것뿐"(19절)이라는 고백과 함께 헛된 신과 참된 신을 비로소 분별하게 된다고 한다.

이방 사람들이 하나님을 제대로 아는 놀라운 일이 일어난다. 하나님을 모르던 뭇 백성이 야훼 하나님께 돌아옴은 포로기 이전의 많은 시에서 볼 수 있다. 이처럼 하나님은 역사의 놀라운 사건을 통해서 이스라엘과 모든 민족을 깨우치고 마침내는 하나님께 돌아오게 하는 일을 행하신다. 우상과 헛것을 섬기는 백성마저 돌아오는 일은 하나님이 모든 백성 앞에 알리시고 바른 신앙을 갖게 하려는 사랑이다. 믿는 백성은 우상을 철저히 배격하고 순종으로 참된 구원을 이루어야 한다.

예레미야는 이런 중대한 일을 앞에 두고 그의 사생활이 막대한 희생을 하고도 감당해야 했던 것이다. 두말할 것이 없이 바른 신앙, 참된 순종은 믿는 자의 마땅한 도리이다.

생수의 근원

예레미야 17

예레미야는 자기 백성의 죄 때문에 예언자로서 고난에 처한 사람이다. 어떻게 하면 백성들이 죄에서 돌이켜 하나님의 자녀다운 사람을 만드는가가 그의 고민이다. 유다의 죄는 금강석으로 된 철필로 마음판과 제단 뿔에 새겨졌다고 하여 요지부동의 강력한 것임을 말한다(1절). 하나님의 계명이 새겨져야 할 텐데 죄가 마음 판에 새겨진 것은 완전히 빗나간 것을 보여주고 있다. 산상의 제단이며 아세라 신상을 만들어 놓고 절하는 이방인의 모습이다.

그래서 하나님은 약속의 선물인 그 땅에서 손을 뗀다고 한다(4절). 땅을 빼앗기고 알지 못하는 땅으로 끌려가서 그들의 신을 섬기게 될 것이다. 그들은 안전과 평강을 구하려 그런 짓을 했지만 천만의 말씀이다. 사람을 믿고 육신으로 그 힘을 삼으면 하나님이 없고 대신 저주만 있다고 한다.

지금 세상이 경계해야 할 대목이다. 거의 모두가 물적이며 육신의 일을 도모하며 세월을 보내고 있지 않은가? 그런 사람은 비유하기를 “사막의 떨기나무”(6절) 같아서 좋은 일을 볼 수 없다고 한다.

시편 1편에 보면 시냇가에 심은 나무를 복으로 상징하지만 사막의 덤불은 기갈로 시달리며 좋은 일을 기대할 수 없는 나무이다. “물가에 심어진 나무”(8절)는 그야말로 “그 잎이 청청”해서 어떤 해가 온다 해도 걱정이 없는 나무이다. 왜 그런 복을 스스로 차버리고 헛된 일을 할까? 비유가 얼마나 적절한지 모른다. “만물보다 거짓되고 심히 부패한 것은 마음이라”(9절)고 한다. 세상에 온갖 종류의 물건이 있지만 그중에 제일 썩은 것이 우리의 마음이라면 얼마나 부끄러운 존재인가? 사람 속 깊은 곳에 자리 잡은 마음을 하나님은 살피신다고 한다.

요나가 하나님을 떠나 멀리 도망하고자 배 밑창 깊숙한 곳에 숨었지만 단번에 들키고 말았다. 심장 깊은 곳을 보시고 판단하시어 “행실대로 보응”(10절) 하신다고 한다. 거짓이 하나님 앞에서 통할 수 없는 것이다. 이스라엘에 불의로 돈을 번 사람이 교만을 떨지만 그것은 “자고새가 낳지 아니한 알을 품음”(11절)이라고 한다. 동물의 세계에서 가끔 남의 알을 품는 새를 본다. 마치 자기 알로 알고 의심 없이 품어 부화하는 것이다. 그렇게 품는다 해서 똑같은 새가 나오는 것은 아니다.

예레미야는 하나님을 부르며 “이스라엘의 소망”(13절)이라고 한다. 모든 좋은 것이 거기서부터 나오는 것이다. 주를 떠나서는 “흙에 기록”된다고 하여 배교자가 잊혀질 것이며 죽음의 명부에 기록될 것임을 말한다. 그들은 “생수의 근원이신 야훼”(13절)를 버리고 수치를 당하는 것이다. 생명이 이에서 나오는 것이다. 이스라엘은 지금 그 생수의 근원을 잊고 헛된 곳에서 망령된 짓을 하고 있다.

예레미야는 기도를 드린다. 하나님에 대한 고백과 찬양을 드리고 있다. 하나님이 하시면 할 수 있다는 확신을 고백한다. 그는 못된 사람들로부터 하나님을 비방하는 것을 못견뎌하며 확실한 고백을 하는 것이다. “재앙의 날에 주는 나의 피난처”(17절)라고 한다. 그리고 하나님을 부인하는 저들을 응징해 달라는 어쩔 수 없는 청을 드린다. 아무리해도 깨닫지 못하는 저들에게는 하나님께서 확실하게 보여주는 것이 제일 좋은 방법이라고 생각한 것이다. 무릇 하나님 앞에서 교만한 자들은 언젠가 그런 날이 이르고 마는 것이다.

예레미야는 이스라엘을 향해 안식일을 거룩하게 지키라고 한다. 안식일 준수를 강조한 본문은 예레미야의 생각에서는 좀 낯설어 보이지만 이를 강조함으로 민족의 생존에 지대한 영향이 있음을 말하고 있다. 하나님의 계약을 지킴으로 그들은 살아가게 되는 것이다. 하나님의 말씀을 순종함으로 그 백성이 되는 것이다. 왕과 그 백성이 영원할 수 있는 것은 하나님의 계명인 말씀을 따르는 것이다. 안식일은 그들이 거룩하게 지켜야 할 성스러운 계약이다.

그럼에도 이들은 안식일을 범하면서 자신들의 이익을 추구하며 탐욕에 사로잡힌 생활을 한 것이다. 물질과 이익에만 눈이 어두워 탐욕스런 생활을 그칠 줄 모르는 이스라엘은 모든 복의 근원이 어딘가를 알아야 한다. 말씀을 잃고 세상 욕망을 따라서 못할 일이 없는 무분별한 생활을 하다가 끝내는 망하고 만다. 정도를 벗어난 치부행위는 아무런 도움이 되지 못한다. 자고새가 알을 품는 헛된 일과 같은 것이다. 평생도 있어주지 않는 재물로 그들을 어리석게 만든다고 한다.

하나님의 백성은 처음부터 오직 한 우물만 파고 살아야 한다. 변해야 산다고 외치는 세상에서 변하면 죽는 것이 하나님을 향한 믿음이다. 생명의 근원은 오직 생수의 근원인 야훼이다.

행위를 아름답게

예레미야 18

이스라엘 백성의 삶이 못마땅한 하나님은 예레미야로 하여금 토기장이의 집으로 안내한다. 당시 중동지방에서 흔히 볼 수 있는 그릇 굽는 곳에서 하나님은 그에게 말씀을 전하시고자 한 것이다. 예언자로서는 낯선 일이 아니었을 것이다.

녹노라는 바퀴를 발로 돌리면서 진흙을 손으로 만지면서 그릇 모양을 만드는 토기장의 모습은 많이 보았던 작업장의 모습이다. 언제나 그렇지만 그릇 만드는 사람은 마음대로 그릇 모양을 만든다. 여기서 진흙이 터져서 그는 멋대로 다른 그릇을 만들었다고 한다. 그런데 마치 진흙이 무슨 의지를 가진 것처럼 묘사하여 그의 잘못으로 인해 토기장이는 원래의 생각과 다른 것을 만들고 말았음을 말하고 있다.

토기장이 집에서 흔히 있을 수 있는 이 광경을 두고 하나님은 예레미야에게 말씀을 하신다. 이스라엘 사람들은 토기장이가 제멋대로 그릇을 만드는 것처럼 하나님께서 이스라엘을 마음대로 할 수 있다. 그래서 "이스라엘 족속아 진흙이 토기장이의 손에 있음 같이 너희가 내 손에 있느니라"(6절하)고 한다. 그래서 그 손의 주인이 마음먹기에 달려 있는 것이다. 어느 나라건 그들이 하기 나름이라고 한다.

그래서 모든 화복이 그들이 하기 나름이지 다른 것이 아니라는 말이다. 세상의 모든 일의 되는 일이 모두 그 손에 달린 것이다. 이것을 사람들은 깨닫지 못하고 살 뿐이다. 그들이 마음만 돌이킨다면 내리기로 생각했던 재앙도 거두시겠다고 말씀하고 있다. 한말로 말해 회개를 촉구하는 말이다. 잘못을 뉘우치는 것이야말로 인간에게 가장 중요한 일이다.

《사서》에서도 윗사람이 뉘우치면 백성은 앙망하고 흥기해서 돌아온다고 말하고 있다. 이스라엘은 하나님에게서 멀어진 마음을 돌이켜 다시 하나님께 돌아온다면 주어진 복을 누리게 된다. 그러니 예레미야는 가서 그 백성에게 이 사실을 말해야 한다. 하나님의 재앙이 임박했지만 그들이 "악한 길에서 돌이키며 너희의 길과 행위를 아름답게"(11절하) 해야 한다. 예고된 재앙은 그들의 회개여부와 직결되어 있는 문제이다.

그러나 그들은 악한 마음으로 완악하게 행하리라고 하나님은 예언자에게 말씀하고 있다. 뉘우침이 없는 그 백성의 현실이 참으로 안타까울 뿐이다. 처녀라는 애칭까지 부여받은 계약의 백성인 이스라엘이 심히 가증한 일을 행하고 있다고 한다. 사랑스런 이스라엘이 어찌 그 모양이 되었단 말인가? "레바논의 눈이 어찌 들의 바위를 떠나겠으며…"(14절)라고 하면서 자연은 천년누세에 변함이 없건만 이스라엘 백성의 마음은 왜 저렇게 변했는가라고 한탄한다.

그들은 하나님을 잊고 "허무한 것에 분향"(15절)하며 본래의 길을 벗어나 곁길로 빠지고 말았다고 한다. 그래서 그들은 사막의 먼지로 뒤덮인 뜨겁고 무서운 동풍에 날려 흩어지고 말 것이라 한다.

그러한 참혹한 위기를 맞았음에도 뉘우치기는커녕 예레미야를 치고 "제사장에게서 율법이 지혜로운 자에게서 책략이 선지자에게서 말씀"(18절)이 끊어지지 않으리라고 한다.

예레미야가 전하고자 하는 요점이 그들에게는 정반대로 받아들여지고 있다. 아울러 어떻게든 예레미야를 죽일 궁리만 하고 있다. 자고로 악한 사람들의 특징 가운데 하나는 올바른 충고를 외면하는 태도다. 그 쓴 소리를 귀담아 들어야 살 텐데 귀를 막고 있으니 살아날 가망이 어디에 있겠는가? 예레미야는 하나님께 나아가 기도하지 않을 수 없다. 간절한 기도의 내용은 악한 사람들에 대한 심판요구이다. 그들을 살리려고 유익한 말을 해 주었건만 오히려 그들은 그의 생명을 해하려고 발호하고 있다(20절).

이야말로 선을 악으로 갚는 일이다. 그는 좀 심하게 악인들을 다스려 달라고 하면서 자녀들을 기근에, 그들을 칼의 세력에 넘기고, 아내들은 자녀를 잃은 과부가 되며, 장정들은 죽음이, 청년들은 전장에서 칼을 맞게 해달라고 한다. 그들은 소행이 선한 가르침을 악으로 돌려서 오히려 선지자를 죽이려 들고 있다. 그래서 그 악을 사해서는 안 된다고 한다. 그들의 악한 계획이 좌절되고 행위가 꺾어지며 주 앞에서 넘어져야 한다고 기도한다. 얼마나 그들이 잘못되어 가고 있으면 자애로운 하나님의 종이 그러한 심판을 동포에게 내려달라고 간청을 했을까? 이것은 비단 선지자만의 생각이 아니고 기실은 하나님의 생각을 반영한 기도이다. 죄짓고 오히려 떳떳하며 선한 말을 말살하려는 태도는 그냥 넘어가서는 안 되었기 때문이다.

예레미야의 생각은 곧 하나님의 생각이며 그의 간구는 곧 하나님의 하시는 일이다. 예레미야나 하나님은 오직 계약 백성인 이스라엘이 하나님을 떠나 죄 가운데 헤매며 우상 놀음에 빠진 것을 고쳐 참다운 백성을 만들고자 한다. 깨우침을 주고 기다리며 모든 방법을 다 동원해도 소용없는 지금 어떻게 해야 하겠는가? 환부를 도려내는 것 말고는 다른 방법이 없다. 제 살을 깎는 아픔이 있지만 이미 썩은 백성은 내 백성이 아니기 때문이다.

우상이 가져온 것

예레미야 19

이스라엘 백성의 고질병이 있다면 그것은 우상숭배이다. 우상숭배는 무신론보다 더 위험하고 고치기 힘든 것이다. 간혹 무신론자들은 하나님께 돌아올 가능성이 있지만 우상숭배에 빠진 사람들은 우상이 그들을 놓아주지 않기에 여간해서는 그 소굴을 벗어나기 어렵다. 바로 그 병에 깊숙이 빠진 백성을 향하여 예레미야는 오늘도 끔찍한 말씀을 전해야 했다. 앞장에서는 토기장이의 비유로 말씀을 하더니 19장에서는 오지병의 깨어지는 모습으로 그 참상을 전하고 있다. 깨진 그릇은 아무짝에도 쓸모가 없다.

예전에 시골에서 보면 마을마다 사금파리가 쌓인 무더기를 종종 볼 수 있었다. 쓰다보면 그릇들이 깨지고 그 깨진 조각들을 모아 버리는 곳이 따로 있었던 것이다. 예루살렘 성에도 이런 곳이 있었는데 그곳이 성문 남쪽에 있는 하시드 문으로 여겨진다. 각종 사금파리, 불결하고 더러운 것들, 쓰레기까지 모이는 곳이 하시문으로 원어는 '똥문'의 의미도 있는 말이다. 그 근방에 힌놈의 아들의 골짜기(벤힌놈)에서 백성의 어른과 제사장의 어른을 모아서 하나님이 전한 말씀을 들려주어야 했다.

"… 보라 내가 이곳에 재앙을 내릴 것이라…"(3절하). 재앙의 원인은 4절 이하에서 그들이 하나님을 버리고 성시를 "불결하게 하며", "다른 신에게 분향하며", "무죄한 자의 피로 이곳에 채웠음"이고 또한 바알을 위한 산당을 짓고 제사를 드린 죄이다. 한말로 우상 특히 바알신에 완전히 빠진 것이 재앙의 원인이다.

대체로 여호야김 왕의 시대로 추정한다. 바알에 빠진 사람들은 힌놈 골짜기의 도벳에서 자기의 아이들을 잡아 제물로 바치는 행위를 했던 것이다. 무죄한 피를 흘리게 하는 어처구니없는 일을 한 것이다. 그게 다산의 복을 가져온다고 믿었기 때문이다. 도벳이 그처럼 끔찍한 곳이다. 도벳은 진정 죽임의 골짜기라고 부르게 되는 날이 온다고 한다. 바로 거기에서 하나님은 유다와 예루살렘의 계획을 좌절시켜 저 북방의 적의 손에 쓰러지고 "공중의 새와 땅의 짐승의 밥"(7절하)이 되게 한다고 한다. 그들이 바라던 복은 모두 어디로 가고 그렇게 처량한 신세가 되고 말았는가? 세인들이 이를 보고 다 놀라고 조롱하는 비통한 때가 된다. 그리고 그들의 원수가 와서 아들, 딸의 살과 그들을 먹게 한다. 복을 받겠다고 자식을 바치는 인면수심은 마땅히 그런 수모를 당해도 할 말이 없는 것이다.

오늘날 세상이 되어가는 모습을 보면 예전에는 생각하지도 못했던 일들을 서슴지 않고 행하는 것을 더러 보게 된다. 인간이란 이렇게 시대가 변하면서 나도 모르게 엄청난 잘못을 저지르게 되는 수도 있다. 유속(流俗)에 빠져 살다보면 더러 큰 폐해가 나를 삼키는 경우가 있음도 알아야 한다. 바알을 접한 지 얼마 되지 않아서 벌써 그 이방인들이 하는 나쁜 습속을 아무 생각 없이 따라하다가 이제는 깨진 오지병의 신세로 쓰레기 더미에 묻히고 말게 되었다.

하나님은 예레미야에게 데리고 간 백성의 지도자들이 보는 앞에서 “옹기를 깨”(10절하)라는 명을 받는다. 그리고 말하기를 한번 깨뜨려진 그릇은 완전하게 할 수 없듯이 이 백성과 성읍이 무너져 도벳에 매장할 자리가 없게 된다고 한다. 참으로 큰 상징을 보여 주신 것이다. 그래서 성읍이 도벳 같다고 한다. 유다와 예루살렘 온 백성이 우상과 하늘의 만상에 절하고 숭배하다가 당하는 처량한 꼴이다.

그래서 하나님의 성전이 도벳의 미신과 온갖 우상의 소굴이 되고 만다고 한다. 이런 재앙을 예레미야가 열심으로 백성 앞에서 전했건만 그들의 반응은 무엇인가? 스스로 깨닫지 못하는 우둔한 사람은 좋은 스승을 만나 바른 길을 되찾으면 살길이 열린다. 좋은 선각자를 찾기는커녕 그가 와서 전해 주어도 외면하는 백성은 얼마나 우둔한 백성인가? 우리는 하나님께서 가운데 선지자를 내세워 여러 방법으로 그 백성을 회유케 하는 모습을 본다. 그럼에도 미동도 하지 않는 그 백성을 보면서 참으로 안타까운 마음을 금할 수 없다.

그리고 우리는 지금 유다와 예루살렘 백성의 길이 아닌 진정한 하나님의 백성의 길을 가고 있는지 조심스럽게 되돌아보지 않을 수 없다. 날마다 삼가 살피지 않을 수 없다고 고백하지 않을 수 없다.

견딜 수 없는 마음

예레미야 20

예레미야는 어쩌다 예언하는 직무를 맡게 되어 험난한 삶을 살아간다. 대부분의 예언자들이 그렇지만 그는 자진해서 예언자가 된 것이 아니다. 강퍅한 백성 앞에서 준엄한 말씀을 전한다는 것이 얼마나 힘든 일인가? 그럼에도 그는 하나님의 명령을 따라 그 일을 잘 수행한다.

예레미야의 활동을 싫어하는 것은 종교 지도자인 제사장도 마찬가지였다. 제사장 바스훌이 마침 성전 총감독으로 있었는데 예레미야의 예언을 듣고 그를 잡아 때리고 나무 고랑으로 가두었다. 성전의 총감독이니 당시에 세력이 대단한 사람이었다. 그는 아마도 성전의 모든 질서를 지키도록 임명받은 사람일 것이다. 대단한 권력을 가진 사람으로 예레미야도 어쩔 수 없는 입장이 되었다.

예레미야는 그가 당하는 원수의 핍박을 호소하고 있다. 너무 심했다고 생각했던지 다음날 바스훌은 예언자를 풀어 주었다. 그러나 예언자는 고분고분 누그러지지 않고 다시 바스훌에게 심한 별칭을 붙여주고 있다. 마골밋사빕이라는 이 별칭은 "테러의 함정에 빠진" 이란 뜻(사면초가)을 가진 말이다.

다시 말해 제사장과 그를 추종하는 사람들이 원수들에게 잡혀가 두려움에 휩싸인다는 말이다. 그 원수는 다름 아닌 바벨론으로, 이방 나라의 포로가 되고 칼로 죽임을 당한다고 한다. 그가 그렇게 됨은 바스훌이 하나님을 떠나 거짓 예언을 했기 때문이다. 그는 거짓 예언을 함으로 자신과 듣는 사람들을 오도하고 하나님으로부터 멀어지게 하는 잘못을 저질렀다. 때문에 예언자는 그들이 바벨론으로 끌려가고 거기서 죽게 된다고 한다.

이런 혹독한 예언을 들은 바스훌과 주변 사람들은 어떤 반응을 보이는가? 그들이 이런 말씀을 겸손히 받아들일 사람이 아니다. 그런 예레미야로 인해 더욱 화가 나서 억압하는 태도를 보인다. 예언자는 자신의 그런 예언을 통해 혹 저들이 회개하고 하나님께 돌아오지 않을까 내심 기대도 했지만 실제로 그런 일은 없었던 것이다. 비웃고 조롱하고 치욕과 모욕 거리가 되었다고 한다(7-8절). 하나님의 말씀이 이처럼 받아들여지지 않을 때에 예언자는 참으로 당황하였을 것이다.

욕을 먹으면서 이를 가벼이 넘기는 사람은 없다. 남에게 조롱과 치욕과 모욕을 당하는 일이 얼마나 견디기 힘든 일인가? 그러니 하나님께 원망하는 마음을 갖지 않을 수 없었을 것이다. 하나님도 참 야속하시다고 생각이 왜 들지 않겠는가? 왜 나만 이런 힘든 일을 맡기시어 쫓기는 신세가 되어야 하는가로 심한 고뇌에 빠졌을 것이다. 오죽하면 "내가 다시는 야훼를 선포하지 아니하며 그의 이름으로 말하지 아니하리라…"(9절)고도 했겠는가?

그때마다 그의 마음이 불붙는 것 같아 골수에 사무치고 답답하여 견딜 수 없다고 고백한다. 예언자의 심정을 감히 헤아릴 수 있을 것 같다. 그는 참으로 하나님의 일로 많은 어려움에 휩싸인다. 많은 사람들은 고사하고 자신의 친한 벗들도 그가 실족하기를 바란다고 한다. 그 주변의 모든 사람들이 자기를 떠난 것이다.

참으로 견디기 힘든 경황에도 그는 하나님이 자기와 함께 하신다고 말한다. 그가 실패하여 넘어지는 것이 아니라 그를 핍박하는 자들이 두려운 용사이신 하나님 앞에서 치욕을 당할 것이라고 말한다. 욥이 극심한 고난 가운데서도 하나님께 이어진 끈을 놓지 않는 것을 생각케 한다. 우리의 심장을 꿰뚫어 보시는 하나님께 그들을 심판해 달라고 간구한다. 침묵하는 것처럼 보이지만 하나님은 정의의 하나님으로서 가난한 자를 행악자의 손에서 구원하신다고 찬양하라고 외친다. 이런 상황에서 하는 이 말은 얼마나 위대한 소리인가?

그럼에도 인간인지라 때로 약해져 그의 고통을 호소하는 것을 보게 된다. 마치 욥이 그의 생일을 저주한 것처럼 그도 어머니가 자기를 낳는 복이 없었으면 얼마나 좋았을까 하고 한탄한다. "어찌하여 내가 태에서 나와서 고생과 슬픔을 보며 나의 날을 부끄러움으로 보내는고"(18절)라는 말은 그의 고뇌를 엿볼 수 있는 단적인 말이다. 예레미야는 그렇게 힘든 고난 가운데 하나님의 종의 일을 감당한 사람이다. 그의 근본까지 부정하는 말들은 삶 자체를 깡그리 반납하는 태도로 그 정도가 심했다.

하나님의 사람들의 생애가 때로는 그렇게도 어려울 수 있음을 보며 오늘을 감사하는 우리가 되어야 할 것이다. 같은 하나님의 백성의 길을 가는 우리로서는 예언자의 힘든 삶 앞에 겸손히 머리 숙여 묵상할 뿐이다.

정의

예레미야 21

예레미야는 당시의 유다 왕 시드기야가 어려운 상황에서 하나님의 도움을 요청하라고 했을 때 하나님의 말씀을 전하게 되었다. 바야흐로 바벨론의 왕 느부갓네살이 예루살렘을 치려고 포위한 위급한 상황이었기 때문이다.

예레미야는 오래전에 이런 상황을 예견하고 경고했지만 선지자의 말을 듣지 않던 왕이 다급한 상황에서 어쩔 수 없이 그런 요구를 하게 된 것이다. 그때는 얼마나 그를 놀려대고 적대하였던가? "너는 우리를 위하여 야훼께 간구하라 야훼께서 혹시 그의 모든 기적으로 우리를 도와 행하시면 그가 우리를 떠나리라"(2절). 이는 주전 701년에 앗수르 왕 산헤립이 쳐들어 왔을 때 예루살렘이 기적적으로 구원을 받은 것을 생각하고 하는 말일 것이다.

예레미야는 그런 요시야의 아들 시드기야 왕의 요청을 거절하며 오히려 큰 진노로 너희를 칠 것이라고 대답한다. 이는 그가 하고 싶은 말이 아니었을 것이다. 그러나 하나님의 말씀을 전하는 자로서 다른 방도는 없었다. 바벨론 왕과 싸우는 너희 손의 무기를 뒤로 돌린다고 말하고 있다. 도와주셔야 할 하나님께서 도와주시기는커녕 무기를 빼앗는다고 하시니 이는 절망이 아닐 수 없다. 그러면서 "너희를 칠 것이라"(5절)고 한다.

그리고 그들 때문에 예루살렘 성에 사는 모든 짐승까지도 쳐서 전염병으로 죽으리라고 한다. 이렇게 무참히 당하는데도 하나님은 측은히 여기거나 긍휼히 여기지도 않으시며 불쌍히 여기지 않으시겠다고 한다. 하나님의 자비한 모습은 어디에도 보이지 않는다. 칼에 죽고 전염병에 죽으며 기근으로 배고파 죽으며 남은 사람은 바벨론 왕과 원수의 손에 넘겨진다고 한다.

원통하고 분하고 견딜 수 없는 지경이 되었다. 하나님의 칼이 원수를 겨누어야 하는데 어찌하여 적을 도와 예루살렘을 향하는가? 그러면서 그들에게 사는 길을 전해 준다. 그 위기 속에서도 사는 길이 있다면 갈대아인에 대항하는 것이 아니라 나가서 항복하고 그들의 전리품이 되라고 한다. 항복하고 포로가 되는 것은 살아 있다고 하나 사나마나한 비참함이다. 바벨론 왕의 손에 넘어가 성읍이 다 불탄 것은 하나님의 화가 극도에 달했기 때문이다.

하나님은 다윗 왕가인 유다 왕에게 말씀을 들려주신다. "다윗의 집이여 너는 아침마다 정의롭게 판결하여 탈취 당한 자를 압박자의 손에서 건지라 그리하지 아니하면 너희의 악행 때문에 내 분노가 불 같이 일어나서 사르리니 능히 끌 자가 없으리라"(12절하).

다윗 왕가가 제대로 하나님의 정의를 실현하지 못하고 불의를 일삼아 하나님의 보호를 받지 못하기 때문이다. 이것은 결국 왕국이 망하는 빌미가 되고 하나님의 진노가 극에 달하는 요인이 되었다. 그들은 하나님의 말씀을 순종하고 율법을 준수하여 사회적 약자를 보호하고 하나님의 뜻을 이루어야 함에도 반대로 나간 잘못을 저질렀다. 그들은 아침 일찍이 성문에서 열리는 재판에서 올바른 판결을 하지 않았다. 사회적 기강이 무너지고 온갖 우상숭배와 신앙의 퇴조는 하나님의 진노에 불을 붙이는 격이었다.

유다 거민들은 혹시 자신의 거처에서 누가 감히 우리를 침범하여 치겠는가 하고 자신감을 가질지 모르나 하나님이 직접 나서서 그들을 대적하시겠다고 한다. 그들의 행위가 잘못되었기에 그 행위대로 갚아 주시겠다는 것이다. 수풀에 불을 놓겠다는 말은 성전 건물들이 숲처럼 재목들로 이루어졌으니 불로 사르시겠다는 말씀이다. 현실에 과연 그런 일이 일어날 수 있겠는가를 의심하는 자도 있을 것이다.

그러나 냉엄한 현실은 다가왔고 머지않아 모두 이루어진다. 주전 587년 유다는 바벨론의 침략에 완전히 파괴되고 수없는 사람이 죽고 잡혀가고 예루살렘은 쑥대밭이 되고 만다. 소 잃고 외양간을 고치면 뭐하겠는가? 그들이 할 수 있을 때에 말씀을 듣고 회개하여 돌아왔다면 유구한 민족이 이토록 비참한 파국에 이르지 않았을 텐데 어리석은 지도자와 백성은 결국 모든 것을 당하고 만다.

어느 왕조나 쇠퇴일로에 있는 나라는 그 흐름을 거슬러 처음처럼 돌아가지 못하는 것을 세계 역사를 통해서 볼 수 있다. 삶의 습관을 고치고 본질적으로 바꾸는 일이 그만큼 어려운가 보다. 예언자가 그토록 외치고 전해도 그 길은 돌이키기 어려운 길인가?

그래서 날마다 새로운 존재들이 되어야 녹슬지 않고 날로 새로워져 쇠하지 않는 것이다. 하나님의 말씀을 날로 되새겨 더 가까이 가지 않으면 부패할 수밖에 없는 것이다. 어느 시대 어느 민족이든 이 사실을 명심해야 한다.

준행하면

예레미야 22

예언자의 말씀은 누그러질 줄 모르고 어려운 상황으로 치닫고 있다. 그도 역시 같은 민족인데 어찌 그렇게 심한 말을 전하기를 좋아했겠는가?

하나님의 명령을 따라서 그렇게 전할 수밖에 없는 것이 못내 힘들고 어려웠을 것이다. 먼저 그들은 동포 가운데 이른바 약한 사람들을 돌보기는커녕 오히려 억압하고 이용했던 것이다. "너희가 정의와 공의를 행하여 탈취 당한 자를 압박하는 자의 손에서 건지고 이방인과 고아와 과부를 압제하거나 학대하지 말며 이곳에서 무죄한 피를 흘리지 말라"(3절). 왕이 된 자가 무엇보다도 힘써 행해야 할 일이 정의를 행하는 일이다. 이것은 야훼 하나님이 명하신 것이다.

사회적 약자 층에 말씀을 준행하지 않으면 그들에게 복이 있을 리 만무하다. 오히려 5절의 말씀은 "너희가 이 말을 듣지 아니하면 내가 나를 두고 맹세하노니 이 집이 황폐하리라"(5절)고 하여 화가 미칠 것을 말씀하고 있다. 약한 사람들은 하나님의 특별한 보호를 받는 사람들이다. 하나님의 관심이 곧 그들의 관심이 되어야 한다. 그들은 비록 길르앗이나 레바논의 울창한 삼림으로 좋은 목재를 내어 성전과 궁전을 지어도 하나님의 언약을 지키지 않는다면 하루아침에 허물어 폐허로 만드신다고 한다. "주민이 없는 성읍"(6절하)은 아무 짝에도 쓸모없는 것이다. 하나님이 파멸할 자를 준비하여 네 백향목을 찍어 불에 던지신다고 한다. 그들의 눈앞에 보이는 웅장한 건축물들이 하나님의 진노로 말미암아 불타버린다면 만사가 다 허사되고 만다.

따라서 지금 그들에게 참으로 필요한 것은 4절의 "이 말을 준행하면…"이다. 예언자를 통해 들려주는 이 말씀을 준행하는 것이 곧 모든 재앙의 해결책이다. 불탄 성읍을 바라보며 지나는 이방의 사람들이 빈정대며 이게 웬일인가 하고 물으며 또한 대답하기를 "야훼의 언약을 버리고 다른 신들에게 절하고 그를 섬긴 까닭이라"(9절)라고 한다고 한다. 얼마나 부끄러운 모습인가? 부끄러운 것이 남에게 알려져 그들의 입에 오르내리는 것처럼 수치스러운 것은 없다. 그래서 행여 알려질까 쉬쉬하는 것이 아니겠는가? 그것도 상종도 안하는 이방인이라면 부끄러움의 극치이다.

이제 그들의 울음은 진정 죽은 자가 아니고 잡혀 간 사람들을 위한 것이다. 이방에 잡혀가서 고향을 보지 못한다면 평생을 두고 한할 일이다. 그들은 "고국을 보지 못할 것이다"(10절)라고 한다. 약속의 땅에서 쫓겨난 사람들이 무슨 재미가 있고 살맛이 나겠는가? 진정으로 통곡할 일이 앞으로 일어나게 되었다.

시야와 같은 왕이 있었건만 그의 아들은 정신을 못 차리고 헛된 짓을 하다가 볼모로 잡혀 애굽에서 죽을 것이라고 한다. 값비싼 나무로 화려하게 집도 짓고 다락방도 지었건만 일꾼들에게 품삯은 주지 않고 떼어먹는 짓은 얼마나 가증한 일인가? 아버지는 정의로 행하여 형통했는데 어찌하여 아들은 악한 생각을 갖는단 말인가? 요시야는 "가난한 자와 궁핍한 자를 변호하고 형통하였나니 이것이 나를 앎이 아니냐"(16절)라고 하여 은연중에 아버지를 본받을 것을 촉구하고 있다. 여호야김은 하나님의 언약을 외면하고 자신의 영달에만 혼이 빠져 있다.

예레미야의 지적 : "네 두 눈과 마음은 탐욕과 무죄한 피를 흘림과 압박과 포악을 행하려 할 뿐이니라"(17절)로 그 핵심을 찌르고 있다. 그는 예루살렘 문 밖에 버려지고 장례도 치르지 못한다고 한다. 여호야김 왕은 가난한 사람들을 돌보기는커녕 자신의 궁전만 화려하게 치장하면서 재정을 낭비하고 백성을 징발하여 괴롭혔던 것이다. 재앙이 이르기 전에 친절한 말로 타일렀건만 그들은 하나님의 목소리를 청종하지 않았다고 한다. 그런 태도가 수치와 욕을 당하리라고 한다. 이런 사실이 이스라엘이 다 내다보이는 높은 산에 올라 온 천지에 대고 울부짖어야 한다고 한다.

그리고 이어서 여호야김의 아들 고니야, 즉 여호야긴이 하나님의 인장반지라 해도 빼서 원수의 손에 주시겠다고 한다. 인장반지처럼 아낀다 해도 그러하다면 얼마나 일이 그릇되었는가? 역사적으로 보면 바벨론 포로를 지칭하고 있다. 모두가 포로로 잡혀가서 그를 이어 왕이 될 자가 없다고 한다.

요시야가 죽고 난 다음 그의 후손들이 정신을 차리지 못하고 하나님의 언약을 외면하다가 당하는 끔찍한 재앙을 예언자는 이렇게 전하지 않을 수 없었던 것이다. 사람의 마음은 참으로 중요하다. 그 마음이 무엇을 바라며 사느냐는 곧 그 운명을 좌우하는 것이다.

누구나 시대의 낌새를 알아서 진리에 바로 서는 결단은 생명을 살리고 죽이는 중대한 갈림길이 된다는 것을 알게 해 준다.

알곡과 쭉정이

예레미야 23

예루살렘은 지금 극도의 위기에 빠졌다. 자고로 지도자들이 현명하게 나라를 이끌어야 안정을 가져오고 평안을 누리는 데 예루살렘의 지도자들은 그런 인물이 못 되었다. 목자와 양떼로 비유되는 본문은 다름 아닌 왕과 백성을 뜻하고 있다. 양떼를 흩어지게 하는 목자에게 화가 있다고 선포한다. 하나님이 목자에게 양떼를 흩어지게 했다고 하면서 이는 그들의 악행 때문이라고 한다. 그러면서도 흩어진 양떼를 모아 "생육이 번성"(3절)할 것이라고 한다.

그리고 그들 위에 목자들을 세우신다. 이는 장차 다윗 왕처럼 이상적인 왕을 내어 참다운 목자를 내세우신다는 의미이다. 그 왕은 세상을 다스리되 "정의와 공의"(5절)를 행한다. 예언자에게 있어 정의는 참으로 중요한 문제이다. 왕들이 정의와 공의를 행하지 못해서 하나님과 멀어지고 위기에 처하게 되는 것이다. 이런 왕이 등장하는 날은 애굽에서 이끌어내신 날보다 더욱 감격적인 날이 될 것이며 놀랍고도 새로운 날이 될 것이다.

이제 이야기는 거짓 예언자들에게로 넘어간다. 예루살렘에서 활동하는 예언자들이라는 게 예외 없이 썩은 예언자들이었다. 그들은 간음하는 자들이라고 한다. 정직하지 못하고 행위가 모두 악하다. 그래서 예레미야는 온 뼈가 떨리며 취한 사람 같다고 한다. 하나님은 이들에게 재앙을 내리신다. 화가 미치지 않을 수 없는 것이다. 이 일은 이전에 사마리아 예언자들이 하던 짓에 비하면 더욱 가증한 일이라고 한다. 그들은 바알을 의지하여 예언을 하면서 하나님의 백성 이스라엘을 그릇되게 하였다고 한다.

그런데 이번에는 남왕국 예루살렘에도 이런 일이 일어나 가증한 일을 보았다고 한다. "간음을 행하며 거짓을 말하며 악을 행하는 자의 손을 강하게 하여 사람으로 그 악에서 돌이킴이 없게 하였은즉"(14절) 그들은 소돔과 고모라와 다름이 없다고 한다. 소돔과 고모라는 성서의 대표적인 패악의 도시 아닌가? 그런 못된 소굴이 나중에는 재앙을 받아 흔적도 없이 되고 말았다. 그런데 지금 예루살렘은 그것과 다름이 없다. 얼마나 타락하고 불의했으면 그런 소리를 듣겠는가. 그래서 하나님은 선지자를 통해서 그들에게 "쑥을 먹이며 독한 물을 마시게"(15절하) 하리라고 전한다. 사악함이 예루살렘 선지자들에게서 나와 온 땅에 퍼졌다고 한다. 전염병이 온 땅에 퍼지면 모든 사람이 죽을 수밖에 없는 것이다.

오늘 우리가 사는 세상도 좋은 풍조가 온 땅에 퍼져야지 그릇된 생각들이 난무하고 전염되면 모두 함께 죽고 마는 것이다. 하나님은 말씀하시기를 "선지자의 말을 듣지 말라"(16절)고 한다. 예루살렘이 이 지경이 된 것은 바로 이런 거짓 선지자들의 사악한 입에서 나오는 거짓으로 망하게 된 것이다. 하는 말이 얼마나 독한가는 사람을 온통 썩게 하는 점을 보면 안다. 그 사회를 알려면 어떤 사람들이 설치는가를 보면 대강은 안다. 미풍양속(美風良俗)은 그 시대를 살아가는 사람들이 만드는 것이다. 망하려면 못된 풍속이 사람의 얼을 빼어놓아 타락의 길로 들어서게 한다.

하나님의 백성이 사는 도시는 마땅한 풍속이 있어야 하는데 거짓과 간음이 온통 지배한다고 한다. 거짓 선지자들은 사람들에게 "너희는 평안하라"(17절)는 말만 전했지 정신을 차리라는 말을 전혀 전하지 않았다. 아픈 사람에게 괜찮다고만 하고 쓴 약을 권하지 않으니 어떻게 병을 낫게 하겠는가? 그들은 "야훼의 회의"(18절)에 전혀 참여해 본 일이 없는 사람들이다(왕상 22:19-22; 사 6장; 욥 15:8 참조).

이 회의는 하나님의 회의로 하나님의 말씀을 듣고 보고 그대로 전하는 예언자의 필수적인 요건이다. 말씀 아닌 그들의 말을 하나님의 말씀으로 둔갑해서 전했던 사악한 무리가 예루살렘을 지배했다. 그래서 보내지 않았는데도 달려가 예언했다고 한다. 만약 그들이 하나님 회의에 참여했다면 백성들로 하여금 돌이키게 했다고 한다. 회개를 이루는 말씀이 아니고 달콤한 말로 비위를 맞추고 함께 썩는 파국을 맞은 것이다. 백성이 불순종하게 만들었지 하나님 앞에 나오도록 하지 않은 죄는 악인의 머리를 치듯이 친다고 한다. 그들은 꿈을 꾸었다고 말하며 간교하게 전했다. 그래서 알곡이 쭉정이와 다르듯이 헛것이 그들이다.

본문에 하나님께서 "친다"는 말을 수없이 되풀이하고 있다. 하나님으로부터 좋은 축복의 말씀을 자주 들어야 할 텐데 치신다는 말을 듣는 백성이 되었으니 얼마나 처량한 신세인가? "이 백성에게 아무 유익이 없느니라"(32절하). 하나님이 허락하신 유익이 있어야 산다. 그래서 하나님의 말씀이 말씀이 아니고 지기 싫어하는 "짐"이었으니 좋은 일이 있을 수 없는 것이다. 그들은 이제 "영원한 치욕과 잊지 못할 영구한 수치"(40절)를 당하고야 말 것이다. 참으로 원통하고 슬픈 일이다.

지도자를 잘못 두고 그들을 따라 죄만 짓는 백성의 앞날에는 무엇이 기다리겠는가? 자기 땅에서 쫓겨나 굴욕의 세월을 보내야 하는 무정한 날이 그들의 앞날이 아닌가?

진심으로 돌아오기를

예레미야 24

때는 주전 597년 경 시드기야 왕이 나라를 맡아 다스리던 시기로 여호야긴왕이 사로잡혀간 직후이다. 바벨론의 왕 느부갓네살이 여호야긴과 고관들을 잡아 가고 그의 삼촌인 시드기야를 왕으로 세운 것이다. 이른바 제1차 포로사건이다. 유다는 이제 나라가 망할 날만 기다리는 지경이었다. 하루가 다르게 상황은 급변하고 있었다.

이때에 하나님께서 예레미야에게 환상을 경험하게 하신다. 성전에 있는 두 광주리의 무화과이다. 무화과는 성전에서 풍성한 수확을 상징한다. 그런데 한 광주리는 극히 좋은 것이었고 다른 광주리는 극히 나쁜 무화과로 보였다고 한다. 이를 야훼께서 보이시며 묻는 말씀이 네가 무엇을 보느냐고 하신다. 이때에 예레미야는 좋고 나쁜 무화과를 본다고 아뢴다. 이러자 곧 하나님은 기다렸다는 듯이 갈대아 땅, 곧 바벨론에 잡혀온 유다인은 이 좋은 무화과로 야훼께서 앞으로 잘 돌보실 것이라고 하신다. 그리고 다시 약속의 땅으로 인도하시고 헐지도 뽑지도 않으시며 그들의 마음에 하나님을 아는 마음을 주시고 전심으로 하나님께 돌아오게 하여 하나님의 백성, 즉 그들의 하나님이 되시겠다고 한다. 얼마나 큰 은혜와 자비와 사랑을 그들에게 베푸시는가를 잘 보여주는 말씀이다.

여기 "인도한다", "세우다", "헐다", "뽑다", "심다"는 말들은 1장에서도 나오듯이 예레미야가 자주 사용하는 말들이다. 다분히 비유적인 용어들로 그 백성에 대한 하나님의 처분이 적나라하게 나타내는 말들이다. 어쨌든 잡혀간 사람들은 이런 대우를 받는데 남아 있는 자들은 정반대의 대우를 받는다. 이는 597년에 예루살렘에 바벨론 군대가 쳐들어와서 잡아간 사람들을 향해 남아 있던 사람들이 하나님이 멸망시킨 죄인으로 취급하면서 교만한 태도를 보인 일이 있었다.

그런데 왜 하나님은 그들의 생각과는 달리 잡혀간 사람들을 옹호하면서 진정한 하나님의 백성이라고 했을까? 불행한 일을 당하면 으레 죄의 값이라는 생각이 은연중에 떠오르지 않는가? 여기서 바벨론 포로에 대한 하나님의 판단이 다른 것을 보게 된다. 그들이야말로 하나님이 사랑하고 보호하고 좋게 여기는 사람들이었다. 남아서 시드기야를 섬기며 백성을 지배하던 사람들이 애국자들이기는 하지만 정치적 지혜가 부족하고 예레미야를 반대하여 적개심을 가진 자들이었다. 선지자는 그들로부터 얼마나 많은 고통을 당했는지 모른다. 잡혀간 사람들이야말로 하나님이 "내 백성"이 된다고 하신다(7절).

8절을 보면 "내가 유다의 왕 시드기야와 그 고관들과 예루살렘의 남은 자로서…이 나쁜 무화과 같이 버리되"라고 하신다. 결국 그들은 신변에서는 안전을 누리지만 하나님의 말씀을 거부한 백성들이다. 포로민이 백성이 되고 전심으로 돌아온 자로서 하나님의 복을 받는가 하면 남은 사람들이 나쁜 무화과처럼 버려지고 세상 나라 가운데 흩어져 환난을 당한다고 한다. 거기서 그들은 부끄러움을 당하고 말거리가 되며 조롱과 저주를 받는다고 한다. 참으로 역사의 운행은 알 수가 없다. 안전하다고 마음 놓으며 남을 비웃던 신세가 얼마나 처량한 처지로 변하고 마는가?

결국 근본적인 것은 하나님 앞에서 어떤 태도로 사느냐에 달려 있다. 이전에 예레미야가 하나님의 말씀을 전할 때에 다소곳이 듣지 않고 오히려 적대해서 죽이려 드는 강퍅한 모습이 그들이었다. 이제 그들이 남아서 시드기야를 움직이고 백성을 이끌었다. 하나님 앞에서 저지른 죄악의 실체를 제대로 알지 못하고 오히려 적반하장으로 선지자를 죽이려 들었던 그들이었다. 하나님은 그들을 벌하시겠다고 단언하신다. "내가 칼과 기근과 전염병을 그들 가운데 보내 그들이 내가 그들과 그들의 조상들에게 준 땅에서 멸절하기까지 이르게 하리라"(10절).

예레미야가 본 못된 무화과 광주리는 포로로 잡혀가지 않아 교만을 떠는 예루살렘의 남은 백성들이었다. 그래서 지금은 비록 먼 이국에 포로로 잡혀 있지만 장차 그들이 하나님의 징계를 달게 받고 뉘우치고 회개하여 새로운 백성이 되고 하나님께 돌아와서 창조주 하나님이 주시는 만복을 누리는 역전의 삶을 살 것을 예고하고 있다. 죄는 지었다 해도 진정으로 뉘우치고 하나님께 돌아오는 자는 다시 회복되는 모습으로 우리에게 가장 긴요한 것이 무엇임을 깨닫게 해 주고 있다.

말씀을 귀담아 듣고 회개하는 것이 그 백성의 살 길임을 다시 한 번 깨닫게 한다.

적막

예레미야 25

예레미야가 동족인 이스라엘 백성에게 가장 하고 싶지 않은 말씀을 전하게 된다. 때는 여호야김이 다스리던 시기로 마침 바벨론에서는 느부갓네살이 권력을 잡아 제국을 호령하려는 참이다. 바벨론의 느부갓네살은 갈그미스에서 애굽을 물리치고 팔레스틴의 지배권을 확보한다. 이로써 팔레스틴은 이래저래 남북의 제국의 틈바구니에서 휘둘리는 처량한 신세가 되고 만다. 남의 손아귀에 그들의 운명을 맡기는 일 말고는 할 수 있는 일이 아무것도 없었다. 그렇게 강하고 자랑스럽던 다윗왕국은 어디로 사라졌는가? 예레미야는 쓰라린 마음을 가지고 유다와 예루살렘의 사람들에게 전하지 않을 수 없었다.

그는 이십삼 년 동안 하나님의 말씀이 자신에게 임했으며 이를 끊임없이 전했지만 "너희가 순종하지 아니하였느니라"(3절하)고 한다. 그의 마음이 얼마나 안타까웠을까? 말씀 사신은 듣는 자들이 그 말씀을 듣고 순종할 때에 보람을 느끼고 힘이 날 텐데 전혀 꿀 먹은 벙어리처럼 막무가내인 그들을 보며 숯덩이처럼 속이 탔을 것이다. 그뿐만 아니라 수없는 선지자가 와서 전해줘도 귀를 막아 소용이 없었다고 한다. 아예 죽음의 길로 나선 사람처럼 살았던 그들이 아닌가?

일찍이 선지자들이 전한 것은 회개하고 돌아오라는 요구였다. "너희는 각자의 악한 길과 악행을 버리고 돌아오라 그리하면 나 야훼가 너희와 너희 조상들에게 영원부터 영원까지 준 그 땅에서 살리라"(5절). 그들에게 생명을 위한 결단을 촉구했지만 공연히 귀먹은 사람이 되고 말았던 것이다. 대신 그들은 계속해서 스스로 만든 신을 따르고 다른 신을 따라 다니며 섬기고 경배했다고 한다. 하나님이 가장 싫어하는 일만 골라서 했던 것이다.

하나님으로서는 이제 다른 방법이 없다. 하나님은 "내 종"이라 칭하며 바벨론의 왕 느부갓네살을 불러 유다와 예루살렘을 치시겠다고 한다. 더 이상은 그곳에 즐거운 소리도 없어지고, 등불이 꺼지고 모든 땅이 폐허가 된다고 하면서 이 민족은 70년을 바벨론의 왕을 섬길 것이라 한다. 여기 칠십년은 어림수로 잡은 기간일 뿐이다. 실제로 그들은 바벨론 포로가 되어 수십 년을 이방나라의 신민이 되는 치욕스런 고생을 한다. 당신의 백성을 그렇게 처참하게 하시는 하나님의 마음이야 오죽하겠는가? 누구보다도 그 마음이 아팠음은 두말 할 필요가 없다.

느부갓네살을 하나님의 종이라고 했지만 그가 좋아서 한 말이 아니다. 그들은 도구로 쓰이고 난 다음에는 역시 버려질 자들이다. "칠십 년이 끝나면 내가 바벨론의 왕과 그의 나라와 갈대아인의 땅을 그 죄악으로 말미암아 벌하여 영원히 폐허가 되게 하되 …"(12절). 그들의 행위와 손을 행한 대로 갚는다고 한다. 백성이 나쁘지만 이방민족은 두말 할 필요가 없다. 그들이 받을 것은 비유적인 표현인 하나님의 "진노의 술잔"(15절)이다. 마치 원수를 따돌리거나 죽이려고 술 취하게 하는 전술을 생각게 한다. 진노의 술잔은 모든 민족이 받아야 할 숙명이다.

본문에 열거된 열국의 왕들은 폭넓은 지역의 광범위한 저주를 뜻한다고 볼 수 있다. 애굽의 왕 바로와 그 고관들 그리고 백성들, 우스 땅의 모든 왕과 블레셋의 왕과 에돔, 모압, 암몬 자손과 두로의 모든 왕과 시돈의 왕 그리고 섬들의 왕들이다. 드단, 데마, 부스, 아라비아의 왕, 광야에 섞여 사는 모든 왕들 시므리의 왕, 엘람의 모든 왕, 메대의 모든 왕, 북쪽 원근의 왕들까지 포함되지 않은 왕이 없을 정도로 광범위하다.

따라서 먼저는 하나님의 백성의 심판이지만 그에 못지않게 다른 이방 민족의 열 왕들이 심판을 면치 못함을 말하고 있다. 그들은 진노의 잔을 반드시 받아야 하며 거부해도 형벌을 면할 수 없다고 한다. 뭇 민족이 받는 벌은 결코 피할 수 없는 것이다. 그 심판의 모습은 마치 천둥소리가 사자의 포효하는 소리처럼 우렁차고 떨리며 포도 밟는 사람의 노래 소리처럼 멀리멀리 들리리라고 한다.

종말이 되어 세상이 끝나는 시점에서 있을 것 같은 상황을 보여주는 듯하다. 어느 하나도 거기를 벗어날 자가 없고 견딜 수 있는 사람이 없는 준엄한 마지막이 온 것이다. "보라 재앙이 나서 나라에서 나라에 미칠 것이며 큰 바람이 땅 끝에서 일어날 것이라"(32절하). 큰 재앙이 이르렀지만 "그들을 위하여 애곡하는 자도 없고 시신을 거두어 주는 자도 없고 매장하여 주는 자도 없으리니 그들은 지면에서 분토가 되리로다"(33절) 라고 하여 손쓸 자가 전혀 없는 대 환란이다. 하나님의 백성의 잘못이 이렇게 크게 미쳐서 다시는 어떤 방법이 없는 처참한 지경에 이른 것이다. 목자들인 지도자들에게 더 이상 무슨 방법이 없어 애곡하라고 한다. 그래서 오는 것은 "초장의 황폐"(36절하)요 "적막"(37절하) 만이 남게 된다.

평화로워야 할 초장이 이처럼 된 데는 다 그럴만한 이유가 있다.

평화를 주신 이가 그 평화를 거두어 가신 것이다. 왜 그때는 그 평화의 진정한 뜻을 모르고 제멋대로 살았던가? 어리석은 인간의 소치이다.

행위를 고치라

예레미야 26

사람이 살면서 사면초가처럼, 모든 사람들이 따돌릴 때처럼 견디기 힘든 것이 없을 것이다. 예언자로서 예레미야는 하나님의 말씀을 받아 전할 처지에서 극심한 소외감을 맛보아야 했다. 예레미야를 바라보면 눈물이 날 지경이다. 어쩌면 저렇게 외톨이가 되어 이리가나 저리가나 반겨주는 사람 하나 없이 천덕꾸러기처럼 냉대 속에서 살아야 하는지 가슴이 아프다. 그는 오직 하나님 한 분을 의지하며 삶을 지탱한다. 어쩌면 그는 말씀의 사자로서도 버거움을 수없이 느끼면서 인간적인 고뇌 또한 수없이 견뎌야 했을 것이다.

때는 유다 왕이 여호야김으로, 형 여호아하스가 국외로 추방당하고 동생 여호야김이 왕이 된 주전 609년쯤이다. 하나님의 말씀이 예레미야에게 임하기를 하나님의 성전에서 예배하는 사람들에게 한마디도 빠짐없이 전하라는 것이다. "그들이 듣고 혹시 각각 그 악한 길에서 돌아오리라 그리하면 내가 그들의 악행으로 말미암아 그들에게 재앙을 내리려 하던 뜻을 돌이키리라"(3절). 다시 말해 예배드리는 백성들이 그들의 악행을 떠나 "돌아오기"를 촉구하는 말씀이다. 아마 그들도 이 말을 예견했을 것이다. 자신들이 지금 살아가는 방식이 '이건 아닌데' 하는 느낌 가운데 하루하루를 지내고 있었을 것이다. 지금까지 살아온 태도를 과감하게 고쳐 하나님의 말씀과 가르침 따라 살아가야 했던 것이다. 곧 "순종하라"는 하나님의 요구를 묵살하고 살아온 것을 직시하고 지금이라도 순종하는 삶을 살라는 말씀이다.

이는 지금까지 수없는 선지자를 통해서도 전해지고 귀가 닳도록 들은 내용이다. 그들이 이를 묵살하고 불순종한다면 실로의 성전처럼 웃음거리가 되게 하겠다고 하신다. 그들은 하나님의 성전이야말로 하나님이 지키시는 곳으로 어떤 재난도 받을 수 없는 곳으로 생각한다. 예레미야는 그런 생각에 정면 도전하며 그들의 비위를 거슬렀던 것이다. 이에 제사장, 선지자 그리고 모든 백성들이 화가 나서 예레미야를 붙잡았으며 "네가 반드시 죽어야 하리라"(8절하)고 말한다. 그는 하나님에 대한 신앙이 없으며 하나님을 모독한 자라는 죄명을 쓰게 된 것이다.

유대인은 생각하기를 성전은 하나님의 거룩한 장소로 그 어느 사람도 함부로 말해서는 안 된다. 예수께서는 그런 성전을 "돌 하나도 돌 위에 남지 않고 다 무너뜨려지리라"(막 13:2)고 해서 결정적 죄목으로 다스려지는 것을 볼 수 있다. 예레미야가 실로처럼 된다는 경거망동한 말을 함으로 이제 죽임을 당할 처지가 되었다. 그러므로 유다의 고관들이 합세하여 그를 사형의 죄로 다스리라고 요구하고 있다. 이에 예레미야는 그들에게 말하기를 성전과 성을 향한 예언이 자기 말이 아니고 하나님이 전하라는 말씀으로 이유를 대고 있다. 그가 요구한 것은 성전이나 성이 아니고 진정 지금에 필요한 것은 그들의 행위를 고쳐 "야훼의 목소리를 청종"(13절하)하는 것이라 말한다. 중심이 잘못되어 있으면 성소를 아무리 소중하게 생각해도 소용없는 것이다. 곧 지금 그들이 해야 할 일은 '회개와 순종'이었다.

예레미야는 이런 급박한 상황에서도 상당히 침착한 태도로 말하기를 나는 너희 손에 있으니 너희 좋을 대로 하되 분명히 알아야 할 것이 하나 있다고 한다. 그것은 "무죄한 피"가 "너희 몸과 이 성과 이 성 주민에게 돌리는 것이니라"(15절)이다. 마지막 극약처 방을 한 셈이 아닌가? 무죄한 피가 이처럼 무서운 것이다. 무죄한 피를 가지고 선택권을 그들에게 넘겼을 때에 그렇게 자신만만하던 자들이 한 발 물러서는 것을 볼 수 있다. 예수님의 재판에서 빌라도가 손을 씻는 것에서 우리는 같은 모습을 볼 수 있었다. 그리고 "죽일 만한 이유가 없느니라"(16절하)는 결론에 이른다. 여기에서 이를 반대하는 장로들의 얘기는 히스기야의 일을 예로 들고 있다. 즉 미가가 예레미야처럼 예언했지만 결국 히스기야의 간구로 하나님은 재앙을 내리지 않았다고 하며 사형해야 한다는 것이다.

20절 이하는 본문과 관련성이 성근 말씀으로 이어지고 있다. 우리야라는 예언자가 하나님의 이름으로 예레미야처럼 예언하고 있었다고 한다. 그에 대해 왕과 그 신하들이 잡아 죽이려하자 그가 두려워 애굽으로 도망을 간다. 이에 사람을 시켜 애굽까지 가서 잡아오게 하고 왕이 그를 죽였다고 한다. 아무 일이 없음을 증명이라도 하려는 심사일까? 결국 이러저러한 얘기가 진행되다가 결론의 말씀으로 24절에 아히감이 예레미야를 도와주어서 죽이려는 자들의 손에서 풀려 죽임을 면하게 되었다고 한다.

참으로 패역한 백성들 사이에서 하나님의 사역을 감당하는 일이 얼마나 어렵고 힘든 일인가를 볼 수 있다. 마음이 부드러운 백성은 그들의 잘못을 지적하고 회개를 요구했을 때 크게 뉘우치고 하나님께 돌아왔을 것이다. 마음이 문제이다. 겸손하고 자신을 바라보는 부드러운 마음이야말로 그를 죽음에서 생명으로 구하는 원동력이 된다. 굳게 닫힌 마음은 구원에 이르는 길도 닫는다.

하나님의 뜻을 순종하라

예레미야 27

하나님의 백성이 잘못을 저지르면 뉘우치고 하나님의 뜻을 살펴야 하는데 오히려 잘못된 방법으로 모면하려는 것을 종종 볼 수 있다. 죄에 또 다른 죄를 더하는 꼴이다.

때는 시드기야 제4년에 일어난 반 바벨론 동맹 사건에 관한 일이다. 앞에 예레미야에게 임한 상징적인 사건(13장의 허리에 두르는 천을 감추는 것과 19장의 병을 박살내는 것)과 유사하게 이번에는 소의 멍에의 상징이 나오고 있다. 예레미야에게 하나님께서 말씀하시기를 줄과 멍에를 목에 걸고 유다의 왕 시드기야에게 나아가고 또한 여러 나라들의 왕들에게 전하라고 한다. 때마침 바벨론 서편의 나라들 곧 에돔, 모압, 암몬, 두로, 시돈의 사신들이 모여 반 바벨론 동맹을 맺는 음모를 꾸미려던 참이다.

예레미야를 통해서 그들의 나라 왕들에게 전하기를 만물을 만드신 하나님이 지금 모든 땅을 "내 종 바벨론의 왕 느부갓네살"(6절)에게 주어 그를 섬기게 했다고 말하라는 것이다. 우리는 여기서 포로 귀환의 페르시아의 왕 고레스에게서 "나의 종"이라는 하나님의 말씀을 연상하게 된다. 예레미야는 이 말을 하기가 얼마나 어려웠을까? 힘없는 사람이 뭇 나라의 대신들이 모인 가운데서 그들의 음모를 반대해 그 같은 선언을 한다면 그들이 가만히 있을 리 만무하다. 생명이 위협을 받는 처지가 되었을 것이다.

그러나 선지자는 하나님의 명령이기에 선택의 여지없이 전한다. 그가 전하는 말씀은 모든 나라가 아들 손자를 막론하고 기한이 이르기까지 바벨론을 섬길 것이라고 한다. 또한 그 멍에를 메지 아니하는 백성과 나라는 그들이 멸망하기까지 칼과 기근과 전염병으로 벌을 받게 된다고 한다. 그러면서 어떤 선지자, 복술가, 꿈꾸는 사람, 술사, 요술사가 나서서 무슨 말로 반대로 이야기 한다 해도 듣지 말라고 한다. 그들은 거짓을 예언하며 마침내 너희를 망하게 한다고 한다.

반면에 바벨론 왕의 멍에를 메고 그를 섬기는 나라는 거기서 그들을 섬기며 살게 하리라고 한다. 이 말은 언뜻 들으면 주권을 스스로 포기하고 큰 나라에 투항하는 비굴한 태도로 볼 수도 있다. 외견상 비애국적이며 패배주의적인 태도를 취한 것 같지만 전혀 그런 말이 아니다. 하나님의 진노를 인간적인 수단이나 방법으로 피해 보려는 시도를 차단하는 말이다. 때문에 여러 선지자나 앞을 본다는 사람들의 말이 전적으로 틀렸음을 말하면서 바벨론의 통치를 순순히 받으라는 말을 한다. 어떤 인간적인 편법이 하나님의 계획에 통할 수 없음을 엄격하게 말하고 있다. 하나님은 이 모든 일의 배후에 계신다. 그러니 어떻게 인간들이 그들의 삶을 살피지 않고 무슨 일을 꾸미겠는가? 바벨론의 느부갓네살은 이방의 왕이지만 엄연히 "하나님의 종"으로서 도구가 된 셈이다. 후에 고레스가 해방의 도구로 쓰였던 것과 대조적으로 그는 진노의 도구로 사용되고 있다.

예레미야는 본국의 왕인 시드기야에게도 이 말을 전하여 바벨론 왕의 멍에를 메고 그와 그 백성을 섬기면 산다고 한다. 전적으로 들어야 할 말은 느부갓네살을 섬기는 일이다. 이것이 야훼 하나님의 뜻이다. 하나님은 절대로 그 거짓 예언자들을 보내지 않았다고 한다.

예레미야는 지금 거짓 예언자들과 싸우고 있다. 뿐만 아니라 제사장들과 모든 백성들을 향하여 말하기를 여호야긴 왕 때에 바벨론으로 포로와 함께 가져간 성전의 기구들이 돌아온다는 예언자들의 말은 거짓이라고 한다. 그들이 참된 예언자라면 지금 남아 있는 것이라도 바벨론으로 옮겨가지 않도록 하나님께 간구해야 한다고 한다. 모든 것은 하나님의 뜻에 따라 이루어진 일이기에 사람의 뜻대로 될 일이 아닌 것이다.

시드기야 왕이 오죽 급했으면 반 바벨론 동맹까지 생각하고 시도했겠는가? 하지만 오히려 급할 때일수록 근본으로 돌아가야 할 것이다. 그들에게 남아 있는 것은 기둥들, 큰 대야와 받침 등의 물건도 빼앗길 처지인 것이다. 지금 이미 바벨론으로 가버린 집기며 기구들은 하나님께서 돌보실 날까지 그곳에 있을 것이며 언젠가는 하나님이 되돌린다고 하신다.

조국을 잃고 하나님께 예배드리는 모든 성물들, 왕궁의 귀한 물건들이 이방의 왕궁으로 옮겨질 때에 얼마나 마음이 아팠을까? 더럽다는 이방 사람들의 손에 함부로 다루어지고 온갖 치욕스런 수모를 당할 일을 생각하면 밤잠이 오지 않을 것이다.

그러나 그들은 그 같은 참을 수 없는 아픔이 사람들의 소행에서 왔음에도 그것이 하나님의 뜻임을 알아야 한다. 지금 그들은 무엇을 해야 하는가? 하나님의 뜻을 마음 깊이 깨닫고 그 뜻대로 사는 일보다 급한 것이 없다. 주변 나라들과 합작해서 바벨론을 대항한다고 자신들의 뜻이 이루어질 리 없다. 시드기야는 지금 이 사실을 모르고 있다. 사람이 급하면 천지 사방으로 뛰어 다니며 살 길을 찾으려 하지만 마음대로 되지 않는다. 만물을 조성하시고 움직이시는 전능

하신 하나님을 전적으로 의지하는 것 말고는 방법이 없다. 하나님의 백성이 당장 급한 것은 바로 이것이다.

반 바벨론 동맹은 성공할 수 없는 한낱 인간적인 몸부림에 지나지 않는다. 백성이 사는 길은 오직 하나님께 나아가 구하여 그 뜻대로 순종하는 길이 전부이다.

쇠 멍에

예레미야 20

때는 주전 594년쯤의 일이다. 예레미야는 하나님의 말씀을 전하기 어려운 지경에 처해 있다. 그렇잖아도 말씀이 받아들여지지 않는데 여기에 더해 방해꾼까지 있으니 얼마나 어려운 처지인가? 하나냐는 하나님의 성전의 모든 사람들 앞에서 거짓을 진실인양 전하고 있었던 것이다. 그는 말하길 "만군의 야훼 이스라엘의 하나님이… 내가 바벨론의 왕의 멍에를 꺾었느니라"(2절)라고 한다.

바벨론 왕 느부갓네살이 빼앗아 간 성전 기구를 2년 안에 하나님이 되돌려 오신다고 말한다. 절망에 빠진 그들이 들을 때 얼마나 좋은 소식을 전하고 있는가? 아마 박수를 치면서 환호성을 올렸을 법하다. 원래 가짜일수록 그럴듯하게 큰 소리를 치는 법이다. 그는 이어서 잡혀간 유다의 모든 포로들이 돌아오는 데 이는 하나님이 바벨론의 왕의 멍에를 꺾었기 때문이라고 한다. 그들은 이 말을 듣고 모든 근심 걱정이 사라지는 듯 했을 것이다. 그는 사람들로부터 환영을 받고 융숭한 대접을 받았을 것이다. 사람들이 살아가는 방법도 여러 가지이다. 참으로 경계해야 할 사람은 진실을 떠나 세상에 아부하는 사람이다.

예레미야는 이런 광경을 보면서 참으로 한심했을 것이다. 그는 그 자리에서 하나냐에게 직설적으로 말한다. 예레미야인들 어찌 절망적인 그들에게 좋은 말을 전하고 싶지 않았겠는가? 그러나 그는 진실을 말하고 살 길을 말해야 했던 것이다. 8절의 말씀, "나와 저 이전의 선지자들이 예로부터 … 전쟁과 재앙과 전염병을 예언하였느니라"고 한다. 이전의 대 예언자들이 그들에게 임박한 저주를 전했음을 상기하고 있다. 아마도 이사야와 미가를 생각하며 한 말일 것이다. 그들이 유다에게 다가오는 화를 전한 것은 정확한 지적이다. 그런데 지금 하나냐는 그 반대로 좋은 말로 그들을 오도하고 있으니 참으로 한심했던 것이다. 그는 말하기를 "평화를 예언하는 선지자는 그 예언자의 말이 응한 후에야 그가 진실로 야훼께서 보내신 선지자로 인정받게 되리라"(9절)고 한다.

평화를 전하고 싶지 않은 사람이 어디 있겠는가? 그러나 지금 그들이 맞을 것은 평화의 반대이다. 그래서 평화는 결과로 말해지고 성취한 다음 예언자의 진위가 가려진다고 말하고 있다. 하나냐의 평화는 완전한 거짓이다. 그런 속임수로 백성을 오도하여 그들에게 마지막 기회마저 잃게 하는 어리석은 짓을 하고 있다. 평화가 오면 얼마나 좋겠는가? 그러나 오지 않는 평화를 온다고 거짓으로 예언함으로 그들을 속이고 있다. 그는 예레미야의 목에 걸린 멍에를 빼앗아 꺾고 말하기를 야훼 하나님이 말씀하시기를 이 년 안에 모든 민족의 목에서 바벨론 왕 느부갓네살의 멍에를 이처럼 꺾어 버린다고 장담을 하고 있다. 예레미야에게 참으로 어처구니없는 망령된 소리를 하고 있지 않은가?

이때에 하나님의 말씀이 다시 예레미야에게 임한다. 하나님은 "… 네가 나무 멍에들을 꺾었으나 그 대신 쇠 멍에들을 만들었느니라"(13절)고 전하라 하신다. 하나님은 전혀 멍에를 거둘 생각이 없고 오히려 더 강한 멍에를 그들에게 씌우시겠다는 말씀이다. 어째서 이처럼 두 사람의 예언이 정 반대로 전해지는가? 하나가 가짜이기 때문이다. 예레미야는 하나냐를 향해서 "… 네가 이 백성에게 거짓을 믿게 하는도다"(15절하)라고 한다.

한 치도 감하지 않고 분명히 그의 잘못을 지적하고 있다. 그의 전하는 말은 처음부터 거짓임을 지적하여 백성을 일깨우고 있다. 그러면서 가혹하지만 알리지 않을 수 없는 말 "내가 너를 지면에서 제하리니 네가 야훼께 패역한 말을 하였음이라 네가 금년에 죽으리라…"(16절)고 한다.

야훼 하나님의 이름으로 거짓 예언하는 자는 죽을죄를 짓는다는 말씀이 신명기 18장 20절에 나온다. 그는 죽어야 마땅한 죄를 하나님 앞에 지은 거짓 예언자이다. 거짓으로 그 백성을 호도한 가장 가증한 죄를 저질렀다. 사람들이 예레미야가 거짓 예언을 한다고 죽이려 했지만 산 반면에, 하나냐는 진정 거짓예언을 함으로 사람의 손에 죽는 것이 아니라 하나님의 손에 의해서 죽어야 했던 것이다. 하나냐는 "그 해 일곱째 달에 죽었다"(17절).

이렇게 하나님이 보낸 선지자와 거짓 선지자 사이의 싸움은 하나님의 손에 의해서 판가름이 나고 필경 한사람은 하나님의 심판으로 죽임을 당한다. 이제 백성들은 누구의 말을 따라야 할지를 참으로 알게 된 것이다.

참고 견디라

예레미야 29

주전 594년경에 예레미야는 아마도 바벨론에서도 예루살렘과 똑같이 소요 사태가 일어나는 것을 보고 인편에 편지를 보냈을 것이다. 예루살렘에서 일어난 소동도 야훼 하나님의 뜻을 거스르는 거짓 선지자의 말에 놀아난 결과였다. 포로들을 향해 그들이 곧 집으로 돌아가게 될 것이라는 허무맹랑한 소리로 포로들을 선동했던 것이다.

예레미야는 시드기야가 느부갓네살에게 보내는 사절단 가운데 예레미야에게 호의적인 사반의 집안 사람을 통해서 그 편지를 바벨론의 동포에게 전하게 한 것이다. 3절에 사반의 아들 엘라사와 힐기야의 아들 그마랴라고 한다. 포로들이야 참을 수 없는 포로생활을 끝내고 고국으로 돌아간다고 하면 얼마나 기쁜 일이겠는가?

그러나 그것은 하나님의 뜻은 아니었다. 예레미야를 통해 전하는 하나님의 말씀은 "너희는 집을 짓고 거기에 살며 텃밭을 만들고 그 열매를 먹으라… 너희는 내가 사로잡혀 가게 한 그 성읍의 평안을 구하고 그를 위하여 야훼께 기도하라 이는 그 성읍이 평안함으로 너희도 평안할 것임이라"(5-7절)이다. 그리고 거짓 선지자와 점쟁이에 미혹되지 말 것과 꿈을 믿지 말라고 한다.

다시 말해 바벨론의 생활을 안정적으로 유지하라는 말씀이며 포로 사회에 떠도는 말이나 선지자, 점쟁이 등 쓸데없는 사람들에게 현혹되지 말라는 말이다. 이것은 당시 포로사회에 포로들의 가슴 타는 소원을 위무한답시고 거짓을 선포하는 선지자와 별별 사람들이 있었음을 짐작하게 하는 말이다. 이것은 한마디로 하나님의 뜻을 거스르는 거짓말쟁이들이다. 예레미야는 절대로 그들 말을 듣지도 말고 믿지도 말라고 단단히 권고하고 있다. 그러면서 하나님은 절대로 그들을 보내시지 않았다고 한다.

오히려 예레미야는 하나님의 뜻은 바벨론에서 칠십 년이 차야 그들을 돌보아 돌아오게 한다고 한다. 그들은 지금 참 견디기 힘든 삶을 살아가지만 이를 하나님이 다 아시고 계시며 이것은 결코 재앙이 아니고 평안이며 미래가 있고 희망을 주는 것이라고 한다. 포로의 귀환도 하나님의 정한 때가 있다는 말이다. 아무런 어려움을 겪지 않고 거저 그들의 죄악이 사면을 받을 수 없음을 암시하고 있다. 자고로 사람의 비위를 맞추는 말은 진실을 담을 수가 없는 법이다. 포로사회에서 간절히 원하는 바가 거짓선지자나 점쟁이 등의 말로 들뜨게 하여 망상에 사로잡히게 하였지만 예레미야의 이 말은 그야말로 찬물을 끼얹는 말이 아닐 수 없었다.

바벨론에서 견뎌야할 칠십 년은 정확한 년 수가 아니라 대강 어림잡는 숫자이다. 예레미야는 이런 햇수를 견디고 나면 하나님은 그 백성을 버리지 않고 새롭게 하여 평안과 미래와 희망을 준비하고 있음을 예고하고 있다. 그래서 지금 그들이 겪고 있는 시련은 모든 것의 끝이 아님을 알려 주고 있다. 오히려 지금 그들이 할 일은 하나님께 나아와 "부르짖고, 기도하고 찾는 일"(12, 13절)이다. 급한 나머지 여기저기서 들리는 헛소문에 현혹될 것이 아니라 조용히 과거의 잘못을 뉘우치고 진정 온 마음을 다하여 하나님께 나가 구하고 찾을 때 하나님은 만나 주신다고 한다. 이것이 예레미야가 전하는 하나님의 뜻이다. 분명히 돌아오게 하신다는 하나님의 뜻을 외면하고 선동하는 무리를 좇는다면 그들의 미래는 더욱 암담할 수밖에 없는 것이다.

15절에서 23절까지는 포로로 잡혀가지 않고 예루살렘에 남아 있는 왕과 그 백성에게 전하는 경고의 말씀이다. 특히 16-20절은 존 브라이트에 의하면 어디서 끼어든 말씀으로 오히려 15절에 21절이 연결되어야 한다고 한다. 아마도 야훼가 포로들을 속히 고향으로 돌아오게 하기는커녕 유다의 멸망을 빨리 끝내버릴 것이라는 사실을 강조하기 위해서 삽입된 것으로 본다. 그래서 아합과 시드기야는 하나님의 이름으로 거짓을 예언한 자들로 사람들이 보는 앞에서 죽임을 당할 것이라고 한다. 예레미야는 그들의 부도덕한 행위와 거짓 예언에 대한 징벌로 간주하고 있다.

24절 이하는 스마야에 관한 말씀이다. 그는 포로들 가운데 한 사람으로 상당히 유력한 사람인 것 같다. 그는 예루살렘의 제사장에게 편지하기를 예레미야가 말하는 것을 따르지 말고 예루살렘 성전 당국자는 그를 징계하여 침묵하도록 조치하라고 한다. 이를 안 예레미야는 스마야를 거짓 예언자로 고발하고 그 자손이 이스라엘에서 멸종하리라는 야훼의 신탁의 말씀으로 응답한다. 스마야는 하나님의 이름으로 거짓 예언을 한 사람이다. 하나님은 그를 "보내지 않았다"(31절)고 한다. 그런데 그는 하나님의 이름으로 예언을 하고 그들로 믿게 하였으니 하나님의 벌이 "그 자손이 하나도 없을 것이라"(32절)고 한다. 백성이 받을 복된 일, 곧 고국으로 귀환하는 일에 참여하지 못한다는 것이다.

여기서 바벨론에 잡혀간 백성들이 우왕좌왕하며 아직도 하나님의 뜻을 모르고 현혹되는 차제에 선지자가 오히려 이방나라를 위해 간구하라는 말씀은 이해하기 힘든 말이 아닐 수 없다. 비록 신앙적으로 용납될 수 없음에도 당시의 상황에서 그들에게 실용적인 말씀으로 하나님의 깊은 뜻이 내재함을 깨달을 수 있다.

내가 너를 고쳐 주리라

예레미야 30

예레미야 30-33장은 흔히 '위로의 작은 책'으로 불리는 장이다. 이 부분에서는 예레미야의 전반적인 분위기와 달리 희망의 메시지를 담고 있다. 대부분이 시로 형성되어 있으며 3절까지의 표제적 내용이 지속적으로 전개되고 있다.

이 위로의 책은 몇 군데의 문체에서 이사야의 후반부와 비슷한 점이 있으며 대부분의 말들이 포로기에 유래했을 가능성이 크다고 할 수 있다. 여기에 반해 어떤 학자들은 대부분 예레미야의 말로 받아들이기도 한다. 예레미야는 근원적으로 이스라엘 민족의 앞날을 희망으로 보고 있다. 그의 메시지가 적지 아니 어두움을 드리우지만 이를 통한 희망을 전망하는 희망의 예언이라 하겠다.

본문은 역사적으로 보아 요시야 통치기간 중에 북이스라엘을 향해 설교한 예레미야의 말이라고 보기도 하지만 다르게 이해하는 사람도 있다. 첫 표제에서 "보라 내가 내 백성 이스라엘과 유다의 포로를 돌아가게 할 날이 오리니…"(3절)라고 말한다.

해방과 구원의 말씀이다. 그들이 돌아올 땅은 조상이 받은 약속의 땅이다. 완전한 회복이 아닌가? 이렇게 되기까지는 얼마나 큰 고통이 있었던가? "무서워 떠는 자의 소리"(5절)가 두려움을 낳았으며 "얼굴이 겁에 질려 새파래졌다"(6절)고 한다. 사색이 된 이스라엘 백성을 말해주고 있다. 그래서 "슬프다 그 날이여 그와 같이 엄청난 날이 없으리라 그날은 야곱의 환난의 때가 됨이로다…"(7절)라고 한다. 전에도 없었고 후에도 없는 참혹한 날이 바벨론에 의해 망하는 유다의 참상이다.

그런데 그런 비참함을 바꾸어 구원을 가져다준다고 하니 얼마나 감격스런 날인가? 우리 민족도 일제 치하에서 해방을 맞던 일을 생각해 보면 그 기쁨이 얼마나 컸겠는가? 8절은 멍에를 꺾고 포박을 끊어 다시는 이방인을 섬기지 않는다고 한다. 그리고 그들이 영광으로 생각하는 다윗 왕을 다시 세워 섬기게 한다고 한다. 모든 숙원이 풀어지는 놀라운 순간이 다가 오고 있다. 계속하여 두려워 말라고 하며 너를 구원하시겠다고 하며 "야곱이 돌아와서 태평과 안락을 누릴 것"(10절)이라고 한다. 더 이상의 기쁜 말이 없을 것이다. 하나님과 새롭게 관계가 회복되고 결속되는 놀라운 일이 일어나고 있다.

12절 이하는 치유될 수 없는 유다의 상처를 노래하고 있다. 그들은 지금 중상을 입고 신음하고 있다. 그 상처는 낫게 하는 약도 없다고 한다. 고통은 말할 수 없는 심각성을 띠고 있다. 이 모두가 다 그들의 "악행이 많고 네 죄가 허다 하므로"(15절)라고 한다. 그런 고난을 가져온 원수들을 이제 하나님이 제거하여 물리치시겠다고 한다. 그리고 "내가 너의 상처로부터 새 살이 돋아나게 하여 너를 고쳐 주리라"(17절)고 한다. 죄악이 유다에 있었고 때문에 재난이 드리워졌는데 이제 하나님이 그들의 고통을 벗겨서 고쳐 주시겠다고 한다. 모든 어둡고 불길한 분위기는 사라지고 희망의 메시지가 주어지고 있다.

참으로 고난의 긴 행군이 계속되었다. 그들은 그 앞 길을 개선하지 못했지만 하나님이 나서서 평탄 대로로 안내하고 있다. 야훼 하나님이 그들을 돌아오게 하시며 "그 거처들에 사랑을 베풀 것이라"(18절)고 하며 성읍은 폐허의 언덕 위에 건축될 것이라고 한다. 그들의 소원이 이루어지고 있다. 이제는 고통의 신음소리가 나오지 않고 감사의 소리와 즐거워하는 소리가 나오며 번성하고 존귀하게 된다고 한다. 하나님이 원래부터 계획하신 바가 바로 이것이다. 그리고 그들의 영도자가 그들 가운데서 나온다고 한다. 참으로 기쁘고 즐거운 날이 도래한 것이다.

그래서 마침내 "너희는 내 백성이 되겠고 나는 너희들의 하나님이 되리라"(22절)고 한다. 시내산에서 처음 계약백성이 될 때에 이룩된 긴밀한 관계를 회복한 것이다. 하나님과 백성 사이에 이보다 좋은 관계가 있을 수 없다. 만사가 다 통하는 간결한 강령이다. 내 하나님, 내 백성이라는 이 이중 구조의 말이 믿는 사람들의 심장에서 한 시도 떠나서는 안 된다. 하나님의 진노가 이전에 그 백성의 죄로 말미암아 주어졌는데 이제는 이를 완전히 거두시고 악인의 머리 위에 회오리친다고 한다.

이상에서 이스라엘 백성에게 주어지는 구원의 소리는 재앙 가운데 죽음을 맛보던 사람들로서 단비가 촉촉이 내리는 사랑의 메시지이다. 이처럼 고통당하는 인간에게 오직 하나님이 구원과 사랑으로 오셔야 기쁘고 즐거움이 있음을 다시 보여주는 진정한 위로의 말씀이다.

그날이 오면

예레미야 31

사람들은 어려운 삶을 살아갈 때 흔히 소망하는 좋은 날을 기다린다. 이 험한 세월이 지나고 언젠가는 편안하고 살기 좋은 소망스런 날이 오리라는 상상을 하면서 참고 기다린다. 어쩌면 "그날"은 고단한 삶을 이겨내는 활력소이다.

예레미야는 31장에서 삶에 지친 이스라엘 백성에게 "그날"을 말함으로써 소망을 말하고 있다. 깨어져버린 "하나님-백성"의 관계가 새롭게 정립되는 날이 온다고 한다. "처녀 이스라엘아 내가 다시 너를 세우리니 네가 세움을 입을 것이요 네가 다시 소고를 들고 즐거워하는 자들과 함께 춤추며 나오리라"(4절). 다시 세우시겠다는 하나님의 계획을 알리고 있다.

사마리아 곧 북왕국에 임했던 화가 물러가고 축복의 날이 오면 그들이 심은 포도가 다른 사람이 먹는 억울한 날이 다시는 없고 그들 스스로 먹는 복을 누리게 된다고 한다. 뿐만 아니라 에브라임 산의 파수꾼은 외치기를 시온에 올라가서 한 성전, 한 하나님을 함께 예배드리자고 한다는 것이다. 남북의 분열이 하나 되는 역사가 일어나고 있다. 그들이 주의 백성의 구원을 외쳤을 때 하나님은 북에서 땅 끝에서 백성을 모아 대동(大同)의 세상을 이루실 것이다. 어떤 사람도 제외됨 없이 하나 되는 세상이 온다고 한다.

지금까지 고통 가운데 설움 위에 설움을 당했지만 이제는 눈물로 돌아와 즐거움을 누리게 된다. 신약성서의 탕자가 집에 돌아와 눈물로 해후하는 모습을 연상하게 된다. "나는 이스라엘의 아버지요 에브라임은 나의 장자니라"(9절하). 부자지간의 갈라졌던 정이 다시 이어지는 감격의 순간이다. 이는 모든 이방인들이 보는 앞에서 이루어지고 소문으로 널리 퍼지게 될 것이다(10절).

그들은 시온에서 찬양하며 "야훼의 복" 곧 곡식과 새 포도주와 기름과 양떼와 소떼를 얻고 기뻐한다고 한다. 먹고 사는 일보다 중한 것이 없는 세상에 이 같은 각양각색의 풍성한 식물의 축복 속에 더 이상의 무엇을 바라겠는가? 그래서 이를 두고 슬픔을 돌려 즐거움이 되고 근심으로부터 기쁨을 얻게 한다고 하면서 춤을 추며 즐거워한다고 한다. 기뻐서 춤을 출 만한 세상보다 더 좋은 세상은 없을 것이다. "내 복으로 내 백성을 만족하게 하리라"(14절하). 만족한 세상이 다름 아닌 하나님의 복 주심으로 이루어졌다.

그리고 라마의 슬픈 통곡을 예로 들며 그 소리가 예전에는 하나님의 진노로 이루어졌다면 이제 하나님이 그들을 돌아오게 함으로 소망을 갖게 되었다고 한다. 라마는 야곱의 사랑하는 부인이자 요셉의 어머니인 라헬이 묻힌 땅으로 그 자손이 잘못되어 그 슬픈 통곡이 있었으나 요셉의 아들들이 살던 에브라임(북쪽 지파들)이 새날을 맞게 된 것이다. "내가 반드시 그를 불쌍히 여기리라"(20절)고 하신다. 그래서 사막에 큰 길을 두어 그 길을 통해 시온으로 돌아오라고 한다. "시온의 대로"는 그야말로 만사형통의 길이다. 거칠 것 없는 환희의 길이요 축복의 길이다.

이사야 후반부와 시편 기자는 이 꿈같은 길에 대해 감격적으로 묘사하고 있다. 그들은 오면서 "야훼께서 네게 복 주시기를 원하노라"(23절하)고 외친다고 한다. 그들이 잘못하여 매를 맞은 것도 하나님이 그들을 바로잡아 복을 주시려는 속뜻이 있었던 것이다. 포로지역에서 흔히 하는 속담에 "아버지가 신 포도를 먹었으므로 아들들의 이가 시다"(29절)는 말이 더 이상 옳은 말이 아님을 알게 된다고 한다. 다시 말해 아버지의 잘못이 아들에게 죄의 값을 치르게 하지 않는다는 말이다. 에스겔에서 두드러지는 사상이지만 누구나 각자 자신의 죄로 값을 치루는 것이지 연좌제는 없다는 말이다(30절 참조).

이제 하나님은 이스라엘 백성과 새로운 계약을 체결할 것임을 말하고 있다. 이 계약은 이전의 조상들이 애굽을 나와 시내산에서 맺은 것과는 질적인 차이가 있다고 한다. 그때에는 계약을 맺고 백성들이 일방적으로 깨뜨려 망가지고 말았지만 이번에 맺을 계약은 전혀 다른 심도 있는 계약이다. "내가 나의 법을 그들의 속에 두며 그들의 마음에 기록하여…"(33절하)라고 한다. 그러면서 "내가 그들의 악행을 사하고 다시는 그 죄를 기억하지 아니하리라"(34절하)고 한다. 이는 일방적인 선언이자 조건 없는 은혜의 수여이다. 그들의 연약한 심성까지 혜량하시어 원천적으로 문제를 풀어주시는 하나님의 전폭적인 구원이다. 이 새 계약은 미래의 어느 날에 백성의 모든 죄를 용서하시는 것으로 그들의 마음속에 당신의 법을 쓰셔서 모두가 하나님을 알게 되리라는 새로운 계약이다.

이는 예레미야의 신학의 정점(頂點)으로 그보다 더 높은 신학이 없다. 존 브라이트(J. Bright)는 31-34절을 성서 전체를 통해 가장 심오하고 감동적인 구절 중의 하나라고 한다. 말이 그렇지 "죄를 기억하지 아니하리라"는 말보다 큰 것이 어디 있겠는가? 예수 그리스도를 생각하게 된다. 그분 말고 누가 그런 위대한 일을 했던가? 이

위대한 언약이 만군의 야훼께서 하신 것이다.

보통 사람이 하는 어떤 일과는 다른 해와 달과 별들을 지으신 하나님이 그 백성을 위해서 세우신 새 언약이다. 그래서 "그날이 오면" 이전의 세상과는 완전히 다른 새 날이 된다.

모든 복

예레미야 32

예레미야는 지금 유다의 왕궁 시위대에 체포되어 영어(囹圄)의 신세가 되었다. 그가 그렇게 된 데에는 다른 것이 아니고 국가적인 위기 속에서 선동적인 예언을 했기 때문이다. 때는 주전 587년경의 일로 예레미야의 이러한 직설적인 예언이 시드기야 왕의 심기를 엄청나게 건드렸을 것이다.

이어지는 말은 예레미야가 숙부의 밭을 사는 상징적 행위를 통해서 나라의 운명을 보여주고 있다. 하나님의 말씀이 그에게 이르러 숙부의 아들인 하나멜이 그에게 와서 자기의 밭을 사라는 제안을 한다. 당시의 토지거래는 흔하지 않는 일로 특별한 경우 마지 못해 사고파는 형국이었다. 아마도 숙부의 형편이 어려워 밭을 팔아야 할 형편이 되었나 보다. 토지의 거래는 가까운 친척이 살 수 있는 것으로 이는 토지가 그 가문 안에 있도록 하여 권리와 의무를 가문에 존속시키려 했다. 재산에 대한 당대의 내력은 자세히는 알 수 없지만 대충 그런 정도로는 알려진 바이다.

예레미야는 그의 고향인 아나돗에 있는 밭을 사고 증서를 써서 봉인하고 증인을 세우며 은을 달아 주었다고 한다. 아직은 주조된 화폐가 나오지 않은 원시적인 거래가 은을 무게로 달아주는 것이었다. 그리고 매매 증서를 원본과 사본을 만들어(가죽이나 파피루스) 하나를 토기, 즉 항아리에 담아서 오래 보존하도록 한다는 것이다. 하나님이 이때에 말씀하시기를 "사람이 이 땅에서 집과 밭과 포도원을 다시 사게 되리라"(15절하)이다. 상징의 내용을 보여주는 말씀이다.

이제 16절 이하는 예레미야가 기도하는 모습이다. 먼저는 하나님의 능력의 위대하심과 은혜의 베푸심이 크신 것을 언급하고 있다. 선지자만큼 이를 잘 아는 사람도 없을 것이다. 특히 예레미야는 이런 고백과 함께 출애굽의 위대한 역사를 언급하고 있다. "주께서 표적과 기사와 강한 손과 펴신 팔과 큰 두려움으로 주의 백성 이스라엘을 애굽 땅에서 인도하여 내시고…젖과 꿀이 흐르는 땅을 그들에게 주셨으므로…주의 목소리를 순종하지 아니하며…주께서 이 모든 재앙을 그들에게 내리셨나이다"(21-23절 참조).

이러한 기도에 더하여 자기가 은을 주고 밭을 샀지만 결국 갈대아인의 손으로 넘어간 것을 한탄하고 있다. 무슨 소용이 있느냐는 말이다. 예레미야가 답답해 할 때에 하나님의 말씀이 그에게 들려온다. 갈대아인과 바벨론의 느부갓네살 왕의 손에 모든 것이 넘어가고 악한 행위로 말미암아 다 불태워진다고 한다. 하나님의 노여움의 결과이다. 하나님은 그간에 얼마나 많이 그들을 가르치고 교훈을 했는지 모른다.

그럼에도 그들은 듣지 않고 하나님의 집에서 가증한 일을 했던 것이다. 하나님의 백성으로서는 차마 할 수 없는 죄지음을 지적하고 있다. 백성들의 이러한 행태를 보아서는 완전히 그들을 떠나 돌보지 않겠지만 하나님은 다른 모습으로 그들에게 다가오는 것을 보게 된다. "보라 내가 노여움과 분함과 큰 분노로 그들을 쫓아 보내었던 모든 지방에서 그들을 모아들여 이곳으로 돌아오게 하여 안전히 살게 할 것이라"(37절).

이 말씀과 함께 주어지는 약속은 참으로 후하고 후한 말씀이 아닐 수 없다. "내 백성, 그들의 하나님, 한 마음과 한 길을 주심, 후손의 복, 경외, 영원한 언약, 마음에 심은 경외하는 마음"(38-40절) 등의 말씀은 모두가 과분한 약속이다. 하나님은 기쁨으로 그들에게 복을 내리시겠다고 하신다. 하나님이 정성을 다하시겠다고 스스로 약속을 하고 있다.

지금처럼 "큰 재앙"을 내린 것처럼 "모든 복"(42절)을 내리신다고 한다. 앞에서 밭을 사는 상징은 바로 새로 시작하는 삶의 시작을 알리는 것이다. 그들은 기나긴 고통의 터널을 지나고 하나님이 허락하신 복으로 새로운 약속의 땅에 들어가게 된 것이다. 하나님의 백성이 과연 그런 복을 받을 만한 일을 했었던가? 그들에게 달라진 게 과연 무엇인가? 모든 것을 자세히 살펴도 그럴 만한 일을 한 것이 어디에도 없다.

오직 하나님이 마음을 달리하시어 은총을 그 백성에게 주시는 모습이다. 이보다 크고 놀라운 언약은 없다. 죄악으로 주저앉은 백성에게 온갖 좋은 것으로 대접하시는 하나님 앞에 무슨 말로 찬미하겠는가? 좀처럼 적절한 말을 찾을 수 없다.

처음과 같이

예레미야 33

다시 하나님의 약속의 말씀이 예레미야에게 전해지고 있다. "너는 내게 부르짖으라 내가 네게 응답하겠고 네가 알지 못하는 크고 은밀한 일을 네게 보이리라"(3절). 하나님의 놀라운 계획을 엿볼 수 있다. 이는 하나님의 진노를 체험하는 백성들에게 가뭄에 단비 같은 소식이다.

이러한 하나님의 응답이 분명하다면 누구든 그분 앞에 나아가 부르짖지 않을 자 없을 것이다. "크고 은밀한 일"은 창조주 하나님만이 하실 수 있는 위대한 역사이다. 우리에게 언제나 이 위대한 역사를 이루시는 하나님이 기도와 찬양과 감사의 대상이다. 사람들에게는 은밀한 일로 지금 가려져 있지만 장차 눈앞의 현실로 이루어질 때 진정 하나님이 어떤 분인지를 알게 된다.

모든 생사화복이 하나님과의 관계로 말미암는다는 것을 알아야 할 것이다. 하나님을 외면하여 성읍이 내버려졌지만 이제는 하나님이 돌이키시어 "성읍을 치료하며 고쳐 낫게 하고 평안과 진실이 풍성함을 그들에게 나타낼 것"(6절)이라고 한다. 치료는 연장(延長)의 의미로 상처를 낫게 해서 새살을 돋게 하는 것이다. 그래서 마치 중병에서 회복된 집단 환자의 모습처럼 보인다. 또한 그 백성을 "처음과 같이 세울 것"(7절)이라고 한다. 무엇이든 처음처럼 된다고 하면 얼마나 좋겠는가? 저지른 과오를 돌이켜서 반듯한 모습으로 나아가는 기회가 다시 주어지는 은총이다. 이렇게 되는 데는 자신들의 노력으로 이루어진 것이 아니고 오직 하나님의 작정하심에 힘입은 것이다. 그들이 지은 온갖 죄악을 용서하시겠다고 한다.

그리고 이 예루살렘이 세계 열방의 눈앞에서 찬송과 영광이 되며 모든 복을 받는다고 한다. 세계 사람들이 그것을 보고 두려워 떤다고 한다. 못난 백성이 크게 들리어져 선망의 대상이 됨으로 상황은 완전히 뒤바뀌게 되었다. 이 모든 일이 하나님이 하신 일이다. 거리는 즐거워하는 소리, 기뻐하는 소리, 신랑의 소리, 신부의 소리로 가득차고 찬양과 감사가 넘치는 영화로운 모습이다. 곳곳마다 양 떼가 가득하고 활기가 넘치는 곳으로 변한다. 풍요를 상징하는 말씀이다. 황폐된 이스라엘에 이러한 변화는 고통당하는 백성에게는 꿈만 같은 얘기가 아닐 수 없다. 그러한 꿈을 꾸면서 하루하루 고통스런 날들을 보냈을 것이다.

이어서 다윗 집과 레위인에 주어지는 언약의 말씀이다. 다윗의 집에 공의와 정의를 실행할 자를 내신다. 하나님의 의가 없어서 죄악에 빠졌었으나 이제는 의가 넘치는 날이 될 것이다. 다윗 집에는 왕조가 영원히 끊어지지 않는다고 한다. 동시에 하나님께 제사 드리는 제사장도 끊어지지 않는다고 한다. 정치와 종교가 온전히 세워져 끊어지지 않고 지속한다는 말이다. 이전의 온전한 모습이 회복되었다. 이는 하늘의 만상과 바다의 모래처럼 측량할 수 없는 놀라운 번성이다. 이처럼 커다란 약속이 어디 있겠는가?

이스라엘의 선택과 다윗 왕조의 선택은 단순한 것이 아니라 어떤 일이 있어도 폐기될 수 없는 완전한 것이다. 그래서 예루살렘과 유다의 회복과 다윗 집과 레위 집의 언약은 이전의 모습에 대한 완전한 회복이다.

믿는 자는 궁극적으로 하나님의 은혜로 구원에 이름을 이로써 다시 한 번 알 수 있다. 우리들 자신의 힘으로, 지혜로 될 수 없는 것을 하나님이 아시고 나서서 스스로 베푸셨기에 이루어지는 것이다. 그렇지 않는다면 인간에게 과연 희망이 있을 수 있겠는가? 우리가 하는 것은 작은 한 모퉁이에 지나지 않을 뿐이다.

그러나 이 작은 한 구석의 담당은 큰 의미가 있다. 선택에 대한 응답은 미미할지라도 하나님께 나아가는 우리의 의지는 엄청난 결과를 가져온다. 시선을 멈추지 않고 한 곳을 향한 응시는 그 백성이 사는 생명의 초점이다.

만홀히 여기다가

예레미야 34

주전 588년 경 시드기야 왕 때에 국운이 오늘 내일하는 처지가 되었다. 일찍이 바벨론의 세력에 무릎을 꿇고 꼭두각시나 다름없는 왕이 되어 권좌에 앉은 시드기야가 흔들리는 모습은 참으로 안타깝기 그지없다.

확고한 리더십이 없기에 자연히 귀족들과 정부 고관들이 득세하여 좌지우지하는 판이었다. 바벨론 한쪽만 의지해서 그럭저럭 지내면 될 텐데 그 지배를 벗어나보려는 생각으로 여기저기를 기웃거리다 결국은 애굽에 의지하려다 큰 낭패를 당하게 된 것이다.

이런 무능한 왕에게 하나님은 예레미야를 다시 보내어 말씀을 전하신다. “보라 내가 이 성을 바벨론 왕의 손에 넘기리니 그가 이 성을 불사를 것이라”(2절하). 하나님의 뜻은 무엇일까? 나라가 망하는 것이다. 망할 나라는 망해야 한다. 이를 외면한 왕과 귀족들 그리고 고관들과 백성들은 어떻게 하든 바벨론의 위협을 벗어나려는 온갖 노력을 다하고 있다.

그래서 시드기야는 야훼 하나님의 기적을 바라면서 선지자를 배척했던 것이다. 그가 전할 예언은 하나님이 알려준 예루살렘의 함락이다. 예레미야는 예루살렘 백성을 향해 살고 싶으면 빨리 예루살렘을 탈출하라고 한다. 이는 통치자와 지도층을 얼마나 화나게 만드는 일인가? 최고의 반역자인 예레미야를 죽이려는 것은 뻔한 이치이다.

그들은 선지자의 말씀을 듣고 겸허히 반성하며 모든 사태의 원인을 깊게 생각했어야 했다. 그들이 잘 살던 때를 생각하고 그때와 지금이 무엇이 다른가를 생각하며 삶을 바꾸었어야 한다. 이스라엘은 하나님을 떠나서는 결코 평화가 없다. 정치적으로 군사적으로 아무리 기발한 지혜를 구한다 해도 소용없음을 알지 못하고 헛수고만 하고 있다. 시드기야는 잡힐 것이며 나라는 망하여 바벨론으로 끌려간다는 말씀이 전해진다(3절). 바벨론의 군대는 점점 좁혀오고 마침내 난공불락이라는 요새 라기스와 아세가도 함락될 지경이다.

다급한 시드기야는 모든 백성과 함께 하나님 앞에 나와서 서약하여 이제까지 지지부진했던 율법의 하나인 히브리 남녀 노비들을 해방하는 조처를 취한다. 하나님의 법에 7년마다 종들을 자유케 하는 것을 제대로 이행하지 않고 미적거리다가 죽을 지경에 되어서야 임시적으로 그 말씀을 순종하려는 속셈이었다. 특별히 돈 많고 힘있는 사람들이 누리고 지키지 않던 법을 마지못해 지킴으로 하나님 앞에 회개하는 구차스런 모습을 보여 준다. 인간적으로 보면 얼마나 하기 싫은 결정이었을까? 일꾼들을 모두 풀어주다니 장차 집안의 험한 일들은 누가 한단 말인가? 그러나 왕과 모든 백성이 죽을 지경에서 최후로 결단한 것이니 어쩔 수가 없었다.

그러던 차에 느닷없이 애굽의 지원군이 도착하자 바벨론 군이 잠시 물러난 사이에 마음들이 달라지기 시작했다. 이 간사한 사람들은 놓아 주었던 노비들을 다시 잡아와 하나님과의 계약을 스스로 뒤집음으로 망령된 일을 했던 것이다. 이제는 하나님의 명령을 따르지 않아도 애굽이 도와서 살 수 있겠다는 속셈이었기 때문이다. 결국 그들은 하나님을 의지하지 않고, 보이는 무력을 의지하는 속을 들여다 볼 수 있다. 어리석은 인간은 자충수로 망하는 법이다.

예레미야에게 임한 하나님의 말씀은 과거 역사적 사건을 들어서 선조들의 종 된 신세가 누구의 도움으로 벗어났음을 보이면서 그 은혜를 잊지 않고 대대로 칠 년마다 팔려온 동족을 놓아 주라고 했다. 선조들은 그 일을 제대로 하지 않았다고 한다. 그런데 모처럼 그 일을 행해서 "내 눈 앞에서 바른 일을 행하여"(15절)라는 칭찬을 받았다.

그런데 그들은 다시 되돌려 "내 이름을 더럽히고…노비를 끌어다가 다시 너희에게 복종시켜 너희의 노비로 삼았도다"(16절)라는 책망을 듣는다. 그들은 마치 하나님 앞에서 장난을 치고 있다. 하나님의 이름을 더럽혔다는 치명적인 잘못을 저지른 것이다. 하나님이 사랑하는 백성에게 그토록 만홀히 여김을 당함은 이만저만한 잘못이 아니다. 하나님의 영광을 크게 침해한 것이다.

그들은 불순종하고 계약을 스스로 뒤집는 죄를 지음으로 "내가 너희를 대적하여 칼과 전염병과 기근에게 자유를 주리라…내가 너희를 세계 여러 나라 가운데에 흩어지게 할 것"(17절)이라고 하며 "원수의 손과 그들의 생명을 찾는 자의 손에 넘기리니 그들의 시체가 공중의 새와 땅의 짐승의 먹이가 될 것"(20절)이라고 한다. 결국은 예루살렘 성을 바벨론으로 하여금 치고 불사르게 하여 주민 없는 처참한 황무지가 되게 한다고 한다. 백성의 잘못은 느부갓네살의 멍에로 다가왔고 이 심판은 그들이 마땅히 받아야 할 것이었다.

어찌 죄를 짓고 심판이 임했을 때 뉘우침도 없이 뻔뻔스럽게 인간적인 술수를 써서 모면하려는 생각을 하며 끝까지 불순종하는가? 죄는 지은 순간 뉘우치고 돌아서는 것이 하나님의 백성의 마땅한 도리이다. 선지자는 그들을 도와 순종하고 새롭게 하려고 와서 바르게 가르쳐 주고 있다. 심판에 대한 반항은 하나님에 대한 반역이며 이는 재앙을 가져온다. 바벨론에 항복하라는 선지자의 말은 하나님이 그 백성을 사랑하여 손들게 하고 새롭게 하려는 출발점이다. 잘못을 인정하지 않고 사람의 술수로 벗어나려는 생각의 헛됨을 여실히 보여주고 있다.

가장 안전한 피난처는 손들고 하나님께 나아가는 길뿐이다. 사람의 방법으로 또 다른 반역을 도모한다면 가장 어리석은 선택이 되고 만다.

불러도 대답 없는 사람들

예레미야 35

종교인에게 가장 필요한 요소는 심성이다. 그가 어떤 마음으로 살아가느냐는 모든 삶의 바탕을 이루고 있다. 그래서 성서에 마음을 잘 간수하라는 말이 수없이 나온다. 간단한 말인 듯하지만 참으로 중요하고도 어려운 말이다. 하나를 말하면 하나를 지키고 둘을 말하면 둘을 지키는 자세로 살아간다면 그가 비록 크고 많은 일을 하지 않았다 해도 아쉬울 것이 없을 것이다.

35장에 나오는 레갑인의 태도를 예레미야는 무릇 하나님을 믿는 사람들의 자세의 귀감으로 지적하고 있다. 불신의 시대, 자기중심적 탐욕의 시대에 귀담아 들어야 할 말씀이다. 흔히 이런 삶을 두고 시대에 뒤떨어진 것이라 하지만 적어도 그 정신이 사라진다면 신앙의 본질 면에서 위기를 느껴야 할 것이다.

여호야김 시대에 하나님의 말씀이 예레미야에게 임하여 레갑집 사람들을 한 곳에 모아 포도주를 마시게 하라고 한다. 그래서 말씀대로 그들을 다 한곳에 모아 포도주 단지와 잔을 가져다가 한 잔씩 마시라고 권했다. 하지만 그들은 포도주를 마시지 않겠다고 한다. 이유인즉 레갑의 아들 그들의 선조인 요나답이 그들에게 명령하여 자손대대로 포도주를 마시지 말며 집도 짓지 말고 곡식의 씨도 뿌리지 말며 소유도 금하고 평생 장막에 살라고 했다고 한다. 다시 말해 일체 소유를 하지 말고 반유목의 단순한 삶을 살라는 얘기이다. 선조 요나답이 그렇게 명령해서 그런 삶을 살아왔다고 하면서 포도주를 마시지 않았던 것이다.

세상은 변하여 모두가 도시화 되고 발전된 생활로 편하게 살아가는데 그들만 이를 거부하고 옛날 방식으로 살아간다는 것은 얼마나 견디기 어려운 일이었을까? 그들이라고 어찌 그렇게 하고 싶지 않았겠는가? 남들이 포도주를 마시고 근사한 집에서 정착하여 사는데 자기들은 천막치고 광야에 살아간다는 것은 참으로 힘든 일일 것이다. 먼저 아이들과 젊은이들이 반대하고 나설 것이다. 그런데 선조들의 명령을 다 지켜 행했다고 한다. "장막에 살면서 우리 선조 요나답이 우리에게 명령한 대로 다 지켜 행하였노라"(10절).

9세기 이전의 레갑인들의 유래는 찾아 볼 수 없다. 겐족의 혈통이라면 어쩌면 모세와 혈족관계를 주장하면서 이스라엘에 온 뒤 남쪽 사막이나 이스라엘 어느 곳에서 반유목민 생활을 했던 사람들이 아니었을까. 그들은 도시화의 생활방식에 유혹되지 않고 옛 조상들의 삶의 방식을 따르면서 오직 신실한 순종을 하는 사람들이다. 오늘날 의식주에 온 마음을 쓰며 집치레, 자동차…먹고 입으며 온통 소유에 마음이 빼앗긴 사람들과는 많은 차이를 보여주고 있다. 그들이 서약하여 지키는 것을 보면 나실인과 흡사한 점이 있다. 나실인은 정착과 사사시대에 야훼 하나님의 거룩한 전쟁을 위한 정결례를 소중히 하고 가나안 문화를 배타적으로 생각했던 사람들이다.

어쨌든 요나답 시대를 거쳐 몇 세기가 지나도 서약에 신실한 사람들이 그들이었다. 바로 이 점을 선지자 예레미야는 칭찬하고 나섰다. 레갑 사람들은 시골 거친 곳에서 살다가 바벨론 군대가 침략했을 때에 피난을 예루살렘성으로 갔던 것이다. 예레미야는 이제 유다와 예루살렘 사람들에게 말씀을 전한다. "레갑의 아들…그들은 그 선조의 명령을 순종하여…너희는 내게 순종하지 아니하도다"(14절). 그들이 "순종하지 않았다"는 말이 여러 번 반복되고 있다.

사람도 서운하면 여러 번 이야기 하는데 하나님께서 그러하심을 보면 그 심정을 헤아릴 수 있다. 사람의 명령도 그토록 철저히 순종하며 사는 사람이 있는데 어떻게 하나님의 백성이 만군의 하나님 아버지의 말씀을 가벼이 여겨 불순종한단 말인가. 불러도 대답 없는 사람들이다(17절하). 강아지도 부르면 반가워하며 달려온다. 하물며 사람이야 만물의 영장인데 사랑을 베푸시는 분 앞에서 대답이 없다 하면 무슨 소망이 있겠는가? 듣지도 아니하려(17절중) 한다면 완전히 갈라 서려는 태도가 아닌가?

반면에 하나님은 예레미야를 통하여 레갑의 후손을 지극히 칭찬하는 것을 볼 수 있다. "그러므로 만군의 야훼 이스라엘의 하나님께서 이와 같이 말씀하시니라 레갑의 아들 요나답에게서 내 앞에 설 사람이 영원히 끊어지지 아니하리라"(19절). 그들은 조상의 지시에 따라서 하나님께 진실로 충성을 다 함으로 그러한 복을 약속하신 것이다. 그들이 볼 때 저 시골에서 초라하게 살던 사람들은 하나님의 칭찬과 함께 영원무궁의 축복을 받고 있다.

우리는 이를 통해 많은 것을 생각하게 된다. 현대화, 도시화, 변화 발전하는 문명사회에 살지만 거기에 함몰되어 진리를 소홀히 하고 외면한다면 마치 유다와 예루살렘 주민들이 걸었던 길을 똑같이 걷고 마는 것이다. 발전은 좋으나 그것이 하나님의 말씀을 우선하는 것이 된다면 생명 없는 공허한 삶이 되고 만다. 세상의 온갖 끌림에 중심을 잃지 말아야 한다. 무엇을 누리고 살든 우리의 중심에는 만군의 하나님의 말씀이 자리를 잡고 예수 그리스도가 우리의 삶을 시작하고 마치게 해야 한다.

우리가 삶의 주인인 듯하나 오고가는 모든 시간의 주인은 오직 하나님이시기 때문이다.

두루마리 책

예레미야 36

주전 605/4년은 유다왕 여호야김왕 제4년으로 유다 예루살렘에 치명적인 사건이 일어난다. 바벨론의 느부갓네살이 유프라테스강 상류에 있는 갈그미스에서 여호야김에 우호적인 애굽 군대를 패퇴시킨다. 이 사건으로 두루마리가 기록되는 계기가 되었다고 존 브라이트는 말한다. 하나님은 예레미야에게 "네게 일러 준 모든 말을 거기에 기록하라"(2절하)고 한다. 그 이유인즉 유다 백성이 그 말씀을 듣고 그 악한 길에서 돌이키면 그 악과 죄를 용서하시려는 것이다. 여호야김은 눈앞에서 자기가 마지막으로 가졌던 희망인 애굽의 군대가 무너지는 것을 보고 마침내 두 손 들고 하나님께 의지할 기회를 가진 것이다.

그러나 일은 그렇게 순리적으로 진행되지 않았다. 예레미야는 그의 충실한 친구이자 비서인 바룩을 불러 하나님이 일러 주신 말씀을 기록하게 하였다. 두루마리에 기록한 이 말씀을 쫓기는 자신을 대신해서 바룩으로 하여금 성전에 들어가서 백성들에게 낭독하라고 하였다.

예레미야는 바벨론을 지지하는 이적 행위자로 낙인이 찍혔으며 백성을 선동하는 사람으로 제사장의 대적자 신분이었다. 그는 생각하기를 바룩이 성전에서 기록한 말씀을 낭독하면 백성이 회개하고 악한 길에서 떠날 것이라고 믿었다. 바룩이 예루살렘의 서기관 집 발굴에서 발견된 인장에 나오는 이름인 것을 보면 아마도 서기관 가문의 사람으로 추측된다.

이때에 여호야김 왕은 호락호락한 사람이 아니었다. 하나님의 말씀에 뜨거운 열정을 가졌던 개혁가 요시야 왕과는 대조적으로 그의 아들 여호야김은 아버지의 열정을 갖지 못했다. 마침 나라에 큰 위기가 그 원인인지 아니면 오랜 가뭄 때문인지는 몰라도 왕은 나라에 금식을 선포했다. 바룩은 바로 이 기회를 이용해서 성전 위 뜰 사반의 아들 서기관 그마랴의 방에서 백성을 향해 예레미야가 전한 말씀을 낭독한다. 아마도 예레미야는 사반의 가족과 평소에 좋은 관계를 가진 것으로 보인다.

그마랴의 아들인 미가야는 이 말씀을 듣고 왕궁으로 내려가서 고위관리와 서기관들에게 이를 전한다. 고관들은 바룩의 말씀을 가져오라 하여 듣고 여호야김 왕에게 아뢰겠다고 한다. 고관들이 들어보니 시의적절한 하나님의 말씀으로 판단되어 왕에게 전하여 참고하도록 하려 했을 것이다. 자신들이 들은 말의 심각성을 확신했고 그것은 왕이 반드시 알아야 할 사항이라고 생각했던 것이다. 그러면서 선지자와 바룩으로 하여금 목숨에 위험이 따를까 해서 숨으라고 충고한다. 이러한 조치는 고위 관리들의 태도가 예레미야에게 적대적이 아님을 느낄 수 있다.

일의 순서는 이제 왕으로 넘어 간다. 보고를 받은 왕은 두루마리를 가져와 낭독하도록 한다. 그는 낭독하는 말씀에 도무지 감동이 없었다. 오히려 자기의 생각에 전혀 반대로 들렸을 것이고 따라서 읽은 부분들을 칼로 베어서 궁전 화롯불에 던져 태웠다고 한다. 왕이 주변의 좋은 사람들의 충고를 받아들였다면 얼마나 좋았을까? 엘라단, 들라야, 그마랴가 그렇게 만류해도 왕은 두루마리를 불태우고 만다. 말씀에 의한 종교개혁자 요시야 왕의 아들의 모습이라고는 도저히 믿어지지 않는 반 신앙적인 태도가 아닌가? 몇몇 신하들이 극구 말렸는데도 두루마리를 산산조각내고 불태웠다.

왕의 힘은 거기까지 밖에 미치지 못한다. 하나님은 예레미야에게 다시 임해서 불사른 두루마리를 그대로 기록하라고 한다. 여호야김 왕은 당할 일이 분명해졌다. 왕의 자리는 다시는 있지 않을 것이며 그는 비참하게 죽어 시체가 버려져서 낮의 더위, 밤의 추위를 면치 못한다고 한다. 뿐만 아니라 자손들, 신하들은 그 죄악으로 말미암아 벌을 받는다고 한다. 치욕의 최후란 이런 모습을 말한다.

예언자를 통해서 그 백성을 선하게 이끄시려는 하나님의 뜻이 통치자에 의해서 묵살되고 역사는 곤두박질 당하며 비참하게 종말에 이른다. 하나님의 뜻을 외면하고 인간적인 술수나 계획으로 살려는 몸부림이 얼마나 헛수고인가를 현실로 확인하는 사건이다.

부상자들이라도

예레미야 37

요시야의 아들 여호야김이 물러나고 아들 여호야긴(단축명: 고니야)이 왕이 되었다가 바벨론의 사주대로 그의 삼촌인 시드기야에게 되돌아와 왕이 되는 기이한 일이 일어난다. 유다처럼 약한 나라가 외세를 무시할 수 없겠지만 그들에게 지혜로운 지도자가 있었다면 나라가 망하지 않고 지속될 수 있는 길을 찾았을 것이다.

요시야보다 못난 자녀들은 아버지와 같은 결단력 있는 모습을 보여주지 못했다. 죽음으로써 하나님을 의지하려는 마음을 갖지 못했다. 또한 당대의 고위직에 있는 지도층의 연약한 신앙심에도 문제가 있었다. 모든 일의 꼬임은 "야훼께서 선지자 예레미야에게 하신 말씀을 듣지 아니하느라"(2절하)에서 시작된다. 하나님과 관계를 끊고서는 힘 받을 곳이 전혀 없다.

시드기야 왕은 그래도 선지자를 전혀 무시하는 태도만은 아니었다. 안타깝게도 그는 무력한 왕이었다. 그는 제사장을 예레미야에게 보내어 주신 말씀이 새로운 것이 있는가 묻는다. 시드기야는 개인적으로는 예레미야에게 호감을 가지나 그 신하들이 전적으로 그를 거부하기에 약한 왕으로서는 감히 나서지 못했던 것이다. 그가 하나님께 자신들을 위해 기도를 부탁하는 모습은 얼마나 바람직한 일인가?

이때는 애굽과 바벨론은 서로 유다의 지배를 위해 대립하고 있는 참이다. 애굽의 바로가 바벨론의 예루살렘 함락을 막으려 원군이 보냈을 때 바벨론 군대는 일시적으로 포위를 풀고 애굽과 대항하려 출정했다. 아마 예루살렘 사람들은 이제는 살았구나 하면서 좋아했을 것이다.

그러나 예레미야를 통해 전해지는 말씀은 그들이 기대하는 것과는 전혀 다른 것이다. 애굽은 전쟁에 지고 돌아갈 것이며 갈대아인이 다시 와서 성을 빼앗아 불사른다고 한다. 집권자들은 선지자의 말을 받아들이지 않고 그를 적대하며 제거하려고 때를 노렸다.

그러나 예레미야의 말은 단호하기 그지없다. 갈대아인을 쳐서 부상자만 남겨도 그들이 일어나 이 성을 불사른다고 한다. 모든 일의 배후에 하나님이 계신 것을 말하고 있다. 하나님이 하시면 그 어떤 인간의 힘으로도 막을 수 없다. 그러니 비록 바벨론에 부상자만 남아도 그들로 하여금 이 거대한 성을 불사른다는 말이다. 이쯤 되면 이제 하나님의 뜻이 무엇인지 알아 순종으로 나서는 일 말고는 방법이 없다.

예레미야는 바벨론의 군대가 성 포위를 풀고 떠난 사이 자신의 고향 아나돗에서 밭을 산일을 정리하기 위해 북쪽 성문인 베냐민 문으로 갔다. 그러나 문지기의 우두머리인 이리야가 그를 보고 갈대아인에 항복하려 한다고 시비를 걸었다. 예레미야의 부정에도 불구하고 그는 선지자를 체포하여 고관들에 넘긴다. 여기서 예레미야는 갖은 고초를 모두 당한다. 그들은 예레미야에게 화를 내고 때리고 마침내 서기관 요나단의 집에 가둔다.

예레미야가 당하는 고초를 생각하면 눈물이 난다. 누가 이처럼 고난을 당하며 하나님의 일을 할 수 있을까? 수없이 구타당하고 갇히고 끌려 다니고 조롱당하고 따돌림을 당하며 사는 예언자의 삶이다. 이번에 그가 들어간 곳은 물 탱크의 맨홀 웅덩이다. 고관들은 하나같이 주전파(主戰派)에 속하여 예레미야의 말을 조금도 귀담아 들으려 하지 않았다. 그를 아예 없애려고 강경하게 처벌하고 있다. 이전의 왕 시대에는 그래도 몇 명이라도 예레미야를 동조하는 신하들이 있었는데 시드기야 시대는 모두가 다 하나님의 뜻과는 상관없이 강경하게 나아갔다. 여기에 선지자의 말이 무슨 효과가 있겠는가? 자신들의 행위를 하나님의 말씀에 비추어 무엇이 다른가를 조금이라도 반성해 본 사람들이라면 그렇게 함부로 선지자를 다루지 않을 것이다.

나라가 망하려면 중직자들의 생각이 미쳐버리고 극단으로 치닫게 된다. 나치의 무리들을 보면 숨 쉴 틈이 없이 사람들을 한쪽으로 몰고 가는 것을 볼 수 있다. 극단은 모든 것을 함몰시키는 블랙홀이 아닌가? 망할 단계가 되면 이성을 가지고 중심을 잡는 사람이 없이 모두가 하나로 치닫고 마침내는 처박히고 만다.

그래도 시드기야 왕은 행여 좋은 일은 없을까 해서 가만히 예레미야를 부르고 하나님의 말씀의 새로운 것은 없냐고 한다. 예레미야는 이때도 받은 그대로 어려운 말로 대답한다. 즉 왕이 바벨론 왕의 손에 넘겨진다고. 목에 칼이 들어와도 진실을 말할 뿐 다른 것을 말할 수는 없다. 그러면서 예레미야는 자신을 죽을 곳으로 돌려보내지 말라고 부탁한다. 그가 이전에 물웅덩이 습기 찬 감옥에서 얼마나 고생을 했으면 이렇게 간청을 했을까? 아마 다시 거기로 보내진다면 결국은 죽고 말 것이다. 마지막 소청은 시드기야에게 받아들여져서 다른 감옥에 보내지고 떡을 적게나마 제공받았다고 한다.

나라의 운명과 선지자의 생명의 위기를 함께 볼 수 있다. 변질된 신앙공동체의 위기에 하나님의 사람은 얼마나 힘든 일을 감당하고 있는가? 예레미야의 삶을 보면서 우리는 하나님의 안타까운 심정을 조금이나마 헤아리게 된다. 꺼져간 신앙의 마지막 불씨를 살려보려는 하나님의 시도는 한 개인의 희생이라는 커다란 댓가를 치르게 된다. 예수께서 구원의 역사를 감당하면서 온갖 고초를 다 당하고 마침내는 십자가의 죽음으로 되돌아오는 것을 연상하게 된다.

모두가 인간을 위한 하나님의 구원사의 실패의 장면인가? 아니다. 하나님은 인간의 눈에 보이는 실패 가운데 새로운 준비를 하고 계신다.

야훼 목소리에 순종

예레미야 38

예언자도 한 사람의 백성이다. 예레미야는 유다의 백성의 하나로서 하나님의 말씀을 전함에 많은 갈등을 느낄 수밖에 없었을 것이다. 근본적으로 하나님과 그 백성의 생각이 대극적으로 서 있기 때문이다. 나라를 보존하는 일에는 같은 생각이지만 그 방법에서는 전혀 달랐기 때문이다. 바벨론에 항복하는 것이 궁극적으로 그들이 살 길이라는 하나님의 뜻에 반해서 바벨론에 저항하여 살 길을 찾으려는 지극히 단순한 생각에 머문 왕과 고관들의 고집 때문에 선지자는 어려움에 처한다.

지금 예레미야는 반역자이고 선동자로 몰리고 있다. 예레미야를 찾아온 사람들에게 그는 "이 성에 머무는 자는 칼과 기근과 전염병에 죽으리라 그러나 갈대아인에게 항복하는 자는 살리니 …"(2절중)라고 한다. 살려고 몸부림치는 자는 죽을 것이요 항복하는 사람은 살리라는 말이다. 유다인으로서는 자존심이 허락하지 않는 말이다. 이방인에게 항복하는 일은 죽는 일이나 다름없다. 그러나 필연적으로 예루살렘 성이 바벨론에 넘어가는 것이라면 순순히 하나님의 뜻에 따라야 마땅한 것이다(3절).

이것을 두고 대신들이 백성의 재난이라고만 말하는 판단은 하나는 알고 둘은 모르는 근시안이 아닐 수 없다. 원시유명(遠視惟明)이라는 옛 말처럼 멀리 보아야 밝은 것이다. 오늘의 우리의 입장이라도 적지 않은 갈등이 있을 것이다. 고관들의 말대로 선지자가 재난을 구하고 백성의 평안을 원치 않는다니 이는 대 역적으로 죽임을 면치 못할 것이다. 시드기야 왕은 아무런 힘이 없는 사람처럼 그들의 요구에 따르겠다고 한다. 왕에게 아무런 힘이 없이 신하들 마음대로 되는 조정이 무엇을 하겠는가? 예레미야는 곧바로 감옥으로 갇힐 수밖에 없었다. 이제 얼마 안 있으면 죽을 판이다. 그러자 구스 사람 내시가 그들의 악행을 참지 못하고 왕에게 사정해서 구덩이 속에서 그를 건져내 시위대 뜰에 머물게 한다.

이때 왕은 다시 예레미야를 불러 하나님의 말씀을 묻는다. 이번이 세 번째로 그를 만나 물은 것이다. 예레미야의 요구대로 생명의 보존을 약속하면서 그에게 물었을 때 그는 다시 이전과 다름없이 바벨론에 항복하라고 한다. 이것만이 살길이라고 한다. 만약 그렇지 않고 대항하면 성이 불타고 모두가 그들의 손에 넘어간다고 일러준다(18절). 유다 백성의 한 사람으로서 얼마나 하기 싫은 말이었겠는가? 시드기야는 그의 말대로 한다면 저항정책을 반대하다 바벨론 쪽으로 넘어간 사람들이 자기를 가만히 두지 않을 것을 걱정하고 있다(19절).

그러나 예레미야는 그들이 왕을 바벨론에게 넘기지 않는다고 한다. 지금 그것을 두려워 할 필요는 없으며 오직 항복하는 일이 살길이라고 한다. 야훼께서 주시는 말씀은 곧 "항복"이며 항복하면 "왕이 복을 받아 생명을 보전"(20절) 한다고 한다.

그러나 왕은 바벨론에 끌려간 여인들의 목멘 소리를 예상하여 순종에서 눈을 돌린다. 그러니 막다른 골목에 도달한 것이 아닌가? 왕으로서는 결단을 할 시점에 우유부단하게 이러지도 저러지도 못하고 얼버무리는 태도로 민족의 앞날은 나락으로 떨어지게 되었다. 만약에 그가 요시아 왕만 같았다면 강한 의지로 그 백성의 앞날을 새롭게 이루어 갈 수 있었으련만 갈팡질팡하고 말았다. 거기에는 신앙 없는 대신들의 책임도 크다.

예레미야의 요구를 들어주지 못한 왕은 기껏해야 고관들의 위세를 두려워하여 그에게 비밀 회동을 숨기라고 하면서 만약 물으면 감옥을 옮겨 달라는 부탁이었노라고 사소한 일로 따돌린다. 왕의 무력한 모습을 다시 한 번 보게 된다.

신앙의 백성이 위기에서 하나님이냐 현실이냐의 선택을 제대로 하지 못하는 것을 볼 수 있다. 하나님의 뜻과 백성의 생각의 사이에서 하나님의 사람의 갈등은 좀처럼 양자 사이를 좁히지 못하고 파탄으로 나아가는 것을 목도하게 된다. 만약 왕과 백성이 선지자의 말에 따라서 하나님께 온전히 복종했다면 민족의 운명은 분명 달라졌을 것이다.

그러나 어리석은 백성은 왕과 대신들의 판단에 따라서 다시는 돌아오지 못할 길로 들어서고 만다. 안타까운 일이 일어나고 만다.

네가 나를 믿었음이라

예레미야 39

하나님의 백성은 처음에서 마지막까지 참다운 백성의 자리를 지켜야 한다. 하나님이 함께 하지 않는 백성은 하나님의 백성이 될 수 없다. 이스라엘의 역사는 이를 역력히 보여주고 있다. 예레미야 39장은 이스라엘 역사에서 중대한 고비에 이르는 것을 보여 준다. 예루살렘의 함락은 무엇보다 중대한 사건이 아닐 수 없다. 그들은 왜 그런 비극을 피할 수 없었던가?

시드기야가 왕의 자리에 앉아 다스리던 제9년 열째 달에 바벨론 왕 느부갓네살 왕과 그의 군대가 예루살렘을 포위하고 위협을 가한다. 시드기야는 상당 기간을 버텼지만 587년에 예루살렘이 드디어 함락당하고 만다. 참으로 안타까운 일이 아닐 수 없다. 안방을 적에게 내주니 그들의 고관들이 들이닥쳐 중문에 앉았다고 한다. 시드기야와 군사들이 마지막으로 샛문을 통해 야반도주를 감행해서 요단 계곡의 아라바로 숨어든다.

그러나 바벨론의 군대가 그렇게 호락호락 넘어갈 사람들이 아니다. 그를 좇아가 여리고 평원에서 붙잡아 하맛 땅 립나에 있는 느부갓네살 왕 앞에 세운다. 느부갓네살은 시드기야가 보는 앞에서 그의 아들들을 죽이고 모든 귀족을 죽였다고 한다. 이 얼마나 견딜 수 없는 참혹한 일인가? 뿐만 아니라 시드기야의 눈까지 빼고 온 몸을 사슬로 결박한다. 성은 말할 것도 없이 무참하게 불 지르고 성벽마저 무너뜨린다. 성에 남아 저항하다 스러진 백성을 잡아 바벨론으로 끌고 갔으며 대신 가난한 사람만 남겨서 농토를 주었다고 한다. 그러니 조금이나마 힘이 있다고 생각한 사람은 모조리 잡아간 것이다.

그런데 느부갓네살은 예레미야를 해하지 않고 대하는 모습이 특이하다. 아마 주민들에게서 예레미야가 그동안 어떻게 행동했는지를 듣고 동조자로 판단하여 그를 선대한 것 같다. 그는 정복자들의 왕이 명령한대로 감옥에서 풀려 이전부터 좋은 관계를 가졌던 아히감의 아들인 그다랴(나중에 총독이 됨)에게 넘겨진다. 무서운 재난 가운데 오히려 형편이 좋아진 것이다. 그에게 야훼의 말씀이 임했다고 한다. 하나님이 전하시는 말씀은 예루살렘에 재난을 내리고 복을 내리지 않으시겠다는 말씀이 눈앞에서 당장 이루시겠다는 내용이다.

그리고 이러한 재난 가운데서도 구스인 에벳멜렉은 안전하며 구원하신다고 한다. 이 모든 결과의 원인은 다름 아닌 "네가 나를 믿었음"(18절)이라고 분명하게 말씀하신다. 이 말씀은 지금의 상황에서 보면 얼마나 대조적인 말씀으로 부각되는 말씀인가? 온 천지가 다 하나님의 심판으로 재난에 휩싸이는데 오직 구스 사람 에벳멜렉만 안전하다는 것은 그의 믿음에 대한 하나님의 보호이다. 나라와 모든 백성이 망해도 하나님을 믿고 의지한 사람은 불 속에서도 구하시는 모습이다.

우리는 성서에서 믿음으로 말미암아 많은 사람이 희생당하는데도 소수가 구원에 이름을 적지 아니 볼 수 있다. 당시는 힘들겠지만 많은 사람들이 가는 길을 가지 않고 외로이 신앙을 따라 끝까지 나아감은 칭찬 받아 마땅하다. 어디나 창조적 소수는 있기 마련이다. 이런 창조적 소수는 밀려다니지 않고 외로운 투쟁의 과정이 있을 수밖에 없다. 그것이 높여지는 것은 다수 앞에서 '이것은 아니다' 라고 말할 용기가 있기 때문 아닌가?

선지자나 에벳멜렉처럼 외로운 싸움에서 끝까지 견디면 손들어 주는 분이 반드시 있기 마련이다. 어쩌면 시대가 어렵다는 이때도 온갖 유혹에서 자유롭게 순전한 신앙을 지키며 사는 일이 그러한 일에 해당할 것이다.

이방인의 증거

예레미야 40

나라에 큰 사변이 있으면 그 원인이 있다. 이스라엘이 한 때는 강성한 나라로 주변국을 호령하였건만 이제 극도로 쇠미해져 결국은 망하고 만다. 하나님의 백성들이 제 길을 가지 않고 불순종의 삶을 살다가 어려움을 당하고 마침내 나라의 종말을 맞이하게 되었다. 이러한 처지에서는 아무것도 도움이 될 수 없다. 시작이 하나님이었으니 전능하신 하나님을 순종하는 것 말고는 아무런 방법이 있을 수 없다.

바벨론 왕의 군사령관 느부사라단이 점령지 예루살렘에 와서 전후의 뒤처리를 하고 있다. 그것은 수많은 유력인사와 사람들을 묶어 바벨론으로 잡아가는 치욕적인 일이었다. 누구를 원망하랴. 민족의 잘못이 눈뜨고는 볼 수 없는 현장으로 생생하게 증명되고 있었다. 선지자 예레미야도 끌려가는 사람 가운데 있었다. 다행히 그는 라마에서 군사령관의 지시로 풀려나고 그의 호의를 입게 된다.

그는 느부사라단의 입을 통해서 듣는 '하나님의 뜻' 을 부끄러운 마음으로 듣지 않을 수 없었을 것이다. 유다 백성이 하나님의 말씀을 순종하지 않고 불순종해서 이런 일이 이루어졌다고 한다. 이방인의 그 말속에서 하나님의 백성의 부끄러움은 얼마나 컸을까? 하나님은 때로는 이처럼 이방인의 입을 빌려서 하나님의 백성을 부끄럽게 하는지 모른다. 어찌 각성하지 않고 살아갈 수 있겠는가?

그는 예레미야를 향해서 바벨론으로 가든지 아니면 남아 그다랴 총독과 함께 이 땅에 살든지 좋을 대로 하라는 선택권을 준다. 그에게 특별한 대우를 약속한 것이다. 예레미야는 그의 생각을 말하지 않았지만 어떤 이유에서인지 그 땅에 백성과 함께 남기로 작정한다. 그가 어디에 있든 그의 마음이 편할 수는 없는 일이다.

한편 바벨론을 피하여 들에 있던 세력이 그간의 되어가는 일을 알고 그다랴가 통치하는 미스바로 간다. 그다랴는 그들을 향해 바벨론에 저항하지 말고 바벨론 왕을 섬기라고 한다. 그리고 "너희는 포도주와 여름 과일과 기름을 모아 그릇에 저장하고 너희가 얻은 성읍들에 살라"(10절)고 한다. 지금 그들이 가야 할 최선의 길은 그 길 밖에는 다른 길이 없다. 그것이 "너희에게 유익"이라고 한다. 그다랴는 상당히 건전한 생각을 가진 사람으로 보인다. 현실적 대안이라고는 다른 것이 없으니 그런 제안을 한 것이다.

그런데 그가 비록 바벨론 왕에 의해 세워진 총독이기는 하지만 민족을 위해 해로운 행위를 하는 사람은 아니었다. 나라가 망하는 것은 그의 책임이 아니고 오히려 기존의 책임자들에게서 그 원인을 찾아야 할 것이다. 실제로 여러 지방에 흩어져 있던 유다인들이 미스바에 돌아와서 그러한 삶을 영위하고 있었다.

그런데 참으로 어처구니없는 일이 일어나고 만다. 요하난과 들에 있던 지휘관들이 미스바에 와서 그다랴에게 한 중요한 정보를 제공한다. 그것은 암몬의 왕 바알리스가 이스마엘과 함께 그다랴를 죽이려 한다는 것이다. 그러나 그는 이를 믿지 않았으며 요하난의 간청에도 듣지 않았다. 그들은 이제 막 전후의 약간의 소강상태를 깨고 또 다른 혼란으로 이르게 할 이스마엘의 음모를 저지하기 위한 방책을 제시했던 것이다. 여기 이스마엘은 다윗의 후손으로 말하자면 옛 다윗 가문을 지향하는 사람으로 볼 수 있다. 그러나 그다랴는 차마 그가 그런 일을 하랴는 막연한 생각으로 이를 받아들이지 않고 요하난을 물리친 것이다.

40장의 이야기는 여기에서 끝난다. 여기서 예레미야의 이야기는 더 이상 나오지 않고 오직 총독과 저항 세력 간의 일들이 전개되고 있다. 모든 일을 그르친 다음에 무슨 특별한 일을 기대할 수 없다. 작은 평화가 오려는 처지에서 또 다른 혼란을 도모하는 옛 다윗 후손의 행위를 어떻게 이해할까?

혼란의 심연

예레미야 41

이스라엘은 지금 혼란의 막바지에 이르고 있다. 나라는 이미 망해서 없어졌지만 남은 백성이라도 소강상태를 유지하며 살아야 할 텐데 또 다른 외세의 개입으로 말미암아 살육의 비극이 일어난다.

암몬 자손의 왕이 이웃 나라 유다에 새로운 질서가 깃들자 이스마엘을 꼬드겨 그다랴를 방해하고 만다. 이는 마침 다윗 왕가의 후손인 이스마엘이 벼락 출세자라고 여기는 그다랴를 못마땅하게 여기던 차에 암몬 왕의 사주와 절묘하게 어울려 음모를 꾸미게 된 것이다. 왕손의 가문된 입장에서 보기에 엉뚱한 사람이 나라를 다스리는 게 도저히 참을 수 없는 수치였을 것이다.

왕의 종친이라는 이스마엘은 바벨론이 세운 그다랴가 집무하고 있는 미스바로 가서 왕과 함께 식사를 하다가 그다랴를 쳐 죽였다고 한다. 이것은 식사예의로 봐서 도저히 용납될 수 없는 일이다. 뿐만 아니라 그는 그다랴의 측근들과 갈대아 군사를 죽인다. 자신의 행위가 드러날 것이 두려워 더 많은 사람을 죽이는 전형적인 시해

사건이 아닐 수 없다. 그의 의도대로 살해사건은 몇 날이 되도록 은폐된다.

그는 여기서 그치지 않고 때마침 북쪽의 도시 세겜, 실로, 사마리아에서 명절 순례를 위해 온 사람들을 모아 성읍 중앙에서 죽인다. 그들의 행색은 아마도 불타버린 성전을 애통하게 생각해서 그런지 수염을 깎고 옷을 찢고 몸에 상처를 내고 손에 소제물과 유향을 소지했다고 한다(5절). 어찌 이런 순진한 사람들을 아무런 연고도 없이 무참하게 죽일 수 있는가? 정치적인 이유라면 그런 선에 국한해야지 무고한 백성의 살해는 무엇으로 핑계할 수 있겠는가? 그럼에도 그는 이처럼 수없는 사람을 죽였다. 그다랴에 속한 사람들이라고 생각해서 많은 사람을 죽인다면 그 죄는 막심한 것이다. 이처럼 그는 미스바에서 닥치는 대로 많은 사람을 죽였다. 그리고 암몬 자손에게 도피하려고 암몬으로 떠난다.

모든 죄는 드러나는 법인지라 가레아의 아들 요하난과 군 지휘관이 이런 내력을 듣고 좇아가 기브온 큰 물가에서 그를 만났다고 한다. 이스마엘에 끌려가던 백성들은 이를 보고 기뻐하며 요하난에게 돌아갔다고 한다. 그들은 아마도 도망갈 기회만을 엿보다가 때마침 요하난 일행을 만났을 것이다.

그런데 요하난은 이스마엘을 처치하지 못하고 끌려가는 백성만 되찾아 왔다고 한다. 이스마엘은 수하 사람들과 함께 교묘하게 추격하는 요하난 일행을 뿌리치고 도망갔을 것이다. 요하난은 중대한 책임을 제대로 수행하지 못하고 되돌아 설 때 두려움이 앞섰을 것이다. 분명히 이스마엘을 죽여서 성과를 올려야 함에도 놓치고 만 것이다.

그들은 이제 본국에 돌아가지 못하고 결국 애굽으로 피해 가려고 한다. 갈대아 사람들이 두려운 것이다. 결국 사건의 주모자들은 암몬으로 달아나고 모든 책임이 모호한 처지에서 잘못하면 자신들에게 드리워질 것을 생각하고 타국으로 도망하는 신세가 되었다. 일의 잘못된 시작과 결과는 모든 일을 허망하게 만들고 말았다. 하나님은 그 땅의 백성을 보호하시고 선하게 인도하시나 그 땅의 백성들은 빗나가 모든 일을 파국으로 만들고 말았다. 이는 하나님이 돌보시지 않음도 아니요 사랑이 없어서도 아니다.

오직 불순종의 결과가 어떤 결과를 가져오는가를 사실적으로 보여주는 역사의 한 단면이다. 하나님의 심판은 그토록 혹독할 수도 있음을 깨달아야 하는 백성이다.

마땅히 갈 길

예레미야 42

사람이 한 번 타락하면 돌이켜 본심을 찾는 것은 여간 힘든 일이 아니다. 그래서 마음을 지키는 것보다 어려운 일은 드물다고 말할 수 있다. 조심(操心)하라는 소리를 자주하는데 이 말이야말로 참으로 중한 말이다. 알고 보면 인간 만사가 마음 하나에 달려 있는 것이다. 마음을 틀어잡고 흔들림 없이 매사에 임한다면 큰 실수는 없을 것이다.

지금 하나님과 선지자 예레미야 그리고 유다 백성 사이의 관계가 틀어지고 있는 것은 바로 유다 백성들의 마음이 하나님으로부터 많이 어긋나 있기 때문이다. 하나님과 백성 사이에 이루어지고 있는 씨름이 좀처럼 끝나지 않고 있는 것은 틀어진 그들의 마음 때문이다. 어떻게 그들은 본심을 되찾고 하나님을 순종하는 옛 모습을 회복할 수 있을까?

군 지휘관 요하난과 백성들이 선지자 예레미야에게 와서 그들이 나아갈 길을 묻는다. 그들은 지금 절박한 상황에 처해 있기 때문이다. 어떻게 하면 이 재난을 피하고 살아남을 수 있을까? 오매불망(寤寐不忘) 그것이 괴롭히고 있다. 삶이 제자리를 찾는 것은 뒷전이고 오직 육신이 살아남는 것만 그들의 소원이다. 그들은 선지자에게 묻기를 그들이 살아남는 길을 하나님께 기도해서 마련해 달라고 부탁한다.

그래서 그들이 원하는 것은 "마땅히 갈 길과 할 일"(3절)이라고 한다. 사람이 이것을 알고 그대로 따라 간다면 후회 없는 삶이 될 것이다. 얼마나 많은 사람들이 이런 삶을 살아갈까? 날마다 반성해 보고 그 길을 벗어나지 않아야 할 것이다.

예레미야는 이 소리를 듣고 속으로 모처럼 백성들이 정신을 차리고 제자리를 찾는구나 하면서 기뻐하였을 것이다. 그는 하나님께 그들의 요구대로 묻고 대답하겠다고 하였다. 그들은 다짐까지 하면서 좋든 싫든 하나님의 목소리를 순종하겠다고 한다. 사람이 급하면 죽는 시늉까지 하면서 엎드리지만 그것을 벗어나면 언제 그랬냐는 듯이 말을 바꾸는 것이 큰 병이다.

예레미야는 십일 후에 하나님께서 주신 말씀을 소청한 사람들을 다 모아 놓고 전하고 있다. "너희가 이 땅에 눌러 앉아 산다면 내가 너희를 세우고 헐지 아니하며 너희를 심고 뽑지 아니하리니 …"(10절). 하나님이 주신 땅에서 하나님의 약속을 믿고 순종하는 삶을 산다면 모든 것이 회복되고 이루어진다는 말이다. 결국 그들에게 절실하게 요구하는 것은 믿음과 순종이다. 그게 그들이 취할 "마땅히 갈 길과 할 일"(3절)이다. 너무나 단순한 해답이 아닌가?

그들은 지금 하나님은 안중에 없고 보이는 힘 바벨론의 군대가 무서울 뿐이다. 하나님은 그들을 향해 "바벨론의 왕을 겁내지 말라"(11절 중)고 한다. 그러면서 하시는 말씀이 "내가 너희와 함께 있다"(11절 중)고 하며 "너희를 구원하며 그의 손에서 너희를 건지리니 두려워하지 말라"(11절)고 한다.

두려워 말라, 너희와 함께 하리라, 너희를 구원하리라는 구약성서에 자주 등장하는 구원에 관한 중요한 말씀이다. 그들이 구원을 받는 것은 그들의 생각대로 이루어지는 것이 아니라 하나님의 계획에 따라서 하나하나 이루어지는 것을 알아야 한다. 이러한 말씀을 듣고 그대로 따를 때에 성취 받는 복이다.

지금 백성들은 이 하나님의 요구를 모르고 자신들의 생각, 지극히 세속적인 방법으로 재난을 피하려는 인간적인 방법에 의존하고 있다. 애굽에 가서 난을 피하려는 계략을 하나님은 용납하지 않으신다. 지금 그들이 의지할 곳은 애굽이 아니라 하나님이다. 그들의 재난과 아픔은 먼저 하나님이 아시고 마음 아파하신다. 하나님은 그 백성에게 내린 재난을 아파하시면서 이제 더 이상의 처벌을 그치고 다가올 좋은 일을 약속하고 있다.

그러나 백성들은 예레미야는 바벨론의 편이라는 선입견을 지우지 못하고 그의 올바른 신탁의 말씀을 거부한다. 애굽에 가면 전쟁도 없고 나팔 소리도 없으며 양식도 궁핍하지 않으니 거기 가 살리라. 애굽은 어떤 땅인가? 하나님이 전쟁까지 하면서 바로를 물리치고 그 백성을 해방하고 구원하여 자유민이 되게 하였고 마침내 조상들이 그 땅을 향하여 더러운 땅이라고 하지 않았던가? 왜 그들은 지금 그곳을 살 곳으로 알고 그리로 가려는 어리석고도 믿음 없는 짓을 하는가? 타락한 심성 때문이다.

애굽으로 가려는 백성을 향해서 주어지는 말씀은 한마디로 죽음이다. "너희가 거기에서 죽을 것이다"(16절하). 하나님은 믿음을 갖고 주신 땅에서 살아가는 백성에게 아픈 마음을 가지고 구원을 주실 것이다. 애굽으로 가지 말라하신 하나님의 명령은 여러 가지 의미가 담겨진 것을 모르고 믿음 없는 짓을 하는 백성의 앞날은 캄캄할 뿐이다. 지금 그들은 예레미야에게 어떤 말씀을 들어도 순종하겠다는 말은 이미 마음에도 없는 거짓이었음이 드러난다.

그래서 "너희 마음을 속였느니라"(20절하)고 한다. 왜 이렇게 그들은 하나님과 세상 세력 사이에서 우왕좌왕하면서 갈피를 잡지 못하는 것일까? 내 힘으로 살 길을 찾으려는 타락한 마음이 하나님을 의지해서 죽으면 죽으리라는 결단을 막아서고 있기 때문이다. 지금 그들은 "마땅히 갈 길과 할 일"을 알지 못하고 있다.

애굽으로 가지 말라! 이것은 오늘 우리에게도 들리는 말이다. 거기에 가면 내가 소원하는 바가 이루어지리라는 막연한 생각으로 하나님의 뜻도 외면하고 따르다가 죽음의 막다른 골목임을 깨닫는 어리석음은 없어야 한다.

얄팍한 꾀

예레미야 43

예레미야는 허공을 향해 목소리를 높이는 꼴이 되었다. 하나님께로부터 받은 말씀을 아무리 힘주어 전해도 도무지 귀를 막는 백성들 앞에서 할 수 있는 일이 없었다. 그야말로 속수무책의 지경이 아닌가?

마치 눈 하나만 가진 원숭이들이(?) 사는 섬에 정상적인 눈을 가진 원숭이가 들어가 이상한 놈 취급당하는 꼴이라고 하겠다. 사람이라면 이런 때에 여간 확신과 믿음이 없이는 스스로 정체성에 혼란을 겪지 않을 수 없을 것이다.

예레미야라고 왜 사람들 틈에 끼어서 보통으로 살고 싶은 마음이 왜 없었겠는가? 그러나 그의 처지는 여타의 사람들과는 다른 하나님의 사람이다. 하나님의 사람은 특별한 아픔도 때로 견뎌야하는 외로움이 있다. 긍지는 크지만 다가온 무거운 짐은 날마다 감내해야 하는 현실이다.

예레미야는 백성들 앞에서 하나님으로부터 들은 말씀을 전한다.

요하난과 모든 오만한 자들이 듣고 "네가 거짓을 말하는도다"(2절 중)라고 하면서 그를 보내어 말하게 하지 않았다고 잡아뗀다. 진실을 진실로 받지 않고 거짓으로 돌려버리는 이 무지와 어리석음을 어떻게 다룰 수 있을까? 아니라고 하는 사람 앞에서 들려줄 적절한 방도는 없다. 그러면서 하는 말이 바룩이 그를 부추겨서 오히려 그들을 바벨론 사람들의 손에 넘기려 한다고 억지를 쓰고 있다.

다시 말해 예레미야의 말을 듣다간 여지없이 바벨론 군에 넘겨져서 죽고 만다는 생각이 그들을 사로잡고 있었던 것이다. 그러니 예레미야의 배후에는 바룩이 있고 그 배후는 바벨론이라는 그들의 논리이다.

그들에게 있어서 가장 잘못된 생각은 바벨론이 원수라는 생각이며 하나님이 쓰시는 심판의 매(도구)라는 생각을 하지 않는 데 있다. 심판은 일종의 정화의 과정인데 이 정화의 과정을 거치지 않고 어떻게 회개하여 새사람이 될 수 있겠는가? 회개할 줄 모르는 백성이다. 그들은 결국 하나님의 말씀을 순종하지 않고(4절) 모든 사람과 예레미야 그리고 바룩을 데리고 애굽 땅으로 간다. 학자들 사이에 예레미야와 바룩이 애굽으로 간 것을 다르게 해석한다. 어떤 이는 강제로 끌려갔다고 하며 또 어떤 이는 백성들이 가니 의무감에서 갔다고 한다.

그러나 강제적으로 끌려갔다는 데 무게를 더 두어야 할 것이다. 왜냐하면 요하난과 군지휘관들은 두 사람을 남겨두면 자기들이 달아난 사실이 바벨론 사람들에게 들통 날까 두려웠기 때문이다.

그런데 다바네스라는 그들이 도착한 곳에까지 하나님은 찾아오셔서 예레미야에게 말씀하신다. 하나님이 말씀하시기를 큰 돌들은 가져다가 바로의 궁전 대문의 축대에 넣고 덮으라고 하신다. 그리고 하나님은 "내가 내 종 바벨론의 느부갓네살 왕을 불러오리니 그가 그의 왕좌를 내가 감추게 한 이 돌들 위에 놓고 또 그 화려한 큰 장막을 그 위에 치리라"(10절)고 하신다. 그래서 느부갓네살 왕이 "죽일 자 죽이고 사로잡을 자는 사로잡고 칼로 칠 자는칼로 칠 것"이라고 한다. 결국은 그 칼에 죽음을 면할 자 아무도 없음을 말한다. 그리고 애굽의 신들의 신당도 불사르고 사로잡을 것이라고 한다.

그렇다면 그들이 의지한 애굽의 힘이란 아무것도 아님을 알 수 있다. 벧세메스의 석상들을 깨뜨리고 신당들을 불사르는 일들이 일어난다 하여 아무런 힘을 발휘하지 못하는 애굽은 바벨론 앞에서 무능하기 그지없는 모습을 보일 뿐이다. 얼마나 허망한 일인가? 생명을 부지해 보려는 그들의 약삭빠른 꾀가 허사가 되고 만다.

요나가 하나님을 피해 화물선 창고 밑바탕에 깊숙이 숨었지만 하나님은 그곳까지 찾아 오셔서 그를 끌어내고 마신다. 먼 땅 끝이라 할 애굽의 깊숙한 곳에서도 하나님은 그 종 바벨론을 내세워 철저하게 파쇄하시는 모습을 보며 이스라엘 백성은 깨달아야 한다. 이 땅에 하나님 몰래 숨을 곳이란 없다. 시편 기자는 고백한다.

"내가 주의 영을 떠나 어디로 가며 주의 앞에서 어디로 피하리이까 내가 하늘에 올라갈지라도 거기 계시며 스올에 내 자리를 펼지라도 거기 계시니이다"(시 139:7-8).

사람은 신앙이 쇠잔해져 때로는 이런 어처구니없는 짓을 한다. 하나님을 의지하지 않고 자신의 꾀와 어떤 세력에 의지해서 어려움을 벗어나보려는 얄팍한 술수를 꾸미기도 한다. 안타까운 모습이 아닐 수 없다. 애굽에 도망하도록 불순종하다 망하는 이스라엘 백성을 보며 진정한 도움은 사람이 아니고 하나님이심을 확실하게 깨달아야 한다.

고난의 도전 가운데 살아가는 현대인은 진정한 안식은 하나님을 떠나 그 어디에도 없음을 알아야 한다. 그리고 얄팍한 꾀들은 우리를 점점 진정한 평안에서 떼어 놓는다는 것도 아울러서….

하나님을 괴롭히는 사람

예레미야 44

《논어》를 보면 충서(忠恕)를 여기저기에서 말하는 것을 볼 수 있다. 여기서 서(恕)는 성서의 황금율과도 유사해서 특히 흥미롭다. 서는 파자를 해보면 '내 마음 같다'는 데서 잘 들어맞는 말이다. 서는 '나를 미루어 남에 미친다(推己及人)'는 뜻을 가진 말로 모든 일에 나라면 어떠하겠는가를 먼저 생각해서 남에게 행해야 한다는 말이다. 흔히 우리는 남들은 생각하지 않고 나만 좋으면 대뜸 행하고 마는 습성이 있다. 내가 당하고 싶지 않은 일은 결코 나도 남에게 행해서는 안 되는 것이다. 이런 것은 생각지도 않고 함부로 행해서 남을 괴롭게 하는 경우가 적지 않다.

지금 애굽에 도망온 이스라엘 백성들은 육신적으로 살 궁리만하고 앞뒤를 가리지 않는 모습을 보게 된다. 당초 하나님이 시작하게 한 백성이건만 근본을 망각하고 자행자지하는 태도는 그 앞날이 어두울 수밖에 없다. 백성과 함께 온 예레미야는 애굽에서 다시 하나님의 말씀을 받는다. 그들이 퍼져 사는 믹돌, 다바네스, 놉, 바드로스 등 여러 곳에 살아가는 이스라엘 백성에게 예루살렘과 유다에 미친 재난이 다른 것이 아니고 "그들이 자기나 너희나 너희 조상들이 알지 못하는 다른 신들에게 나아가 분향하여 섬겨서 나의 노여움을 일으킨 악행으로 말미암음이라"(3절)고 한다.

한마디로 우상숭배가 결정적인 원인이다. 하나님은 질투하시는 하나님 아니신가? 하나님 외에 다른 신을 결코 용납지 않으시는 그 하나님 앞에서 다른 신을 섬겨온 백성에게 재난은 불 보듯 뻔한 일이다. 하나님은 그간에 얼마나 많이 그 종들을 보내 그 백성을 깨우치려 애를 쓰셨던가? 그러나 도무지 완고한 백성은 달라지지 않고 막무가내인 태도로 일관하였다. 예루살렘과 유다 성읍이 망한 이유는 다른 것이 아니다. 그들은 "큰 악을 행하여 자기 영혼을 해하며"(7절중) 심지어 어린 것까지라도 멸절하는 재앙을 받게 되었다.

사람은 미리 알아서 하지 않는 사람이 있고 일러 주어야 깨닫고 고치는 사람이 있다. 그런데 제일 하류의 사람은 일러 주어도 깨달음도 없고 고치지도 않는 사람들이다. 하나님은 수없는 당신의 종들을 보내 그 백성을 깨우쳐 주었건만 도무지 변할 조짐이라고는 없는 그들이다. 악을 행하여 당한 그 쓰라린 경험들이 하나도 그들에게 도움이 되지 못했다고 한다. 쓰라린 역사의 가르침을 받지 못하는 어리석은 백성이다. 그러니 어찌 하나님이 그런 그들을 가만히 놓고 볼 수 있겠는가? 그들은 애굽 땅에서 엎드러지고 멸망한다고 한다. 애굽이라면 지난날 구원의 역사를 이룬 땅이었는데 어찌하여 다시 그 땅으로 기어들어가 죽을 일만 골라서 하는가? 아이러니컬한 일이 아닐 수 없다. 죽음의 함정에서 구해 주셨는데 다시 그 함정으로 기어 들어감은 하나님의 뜻과는 정반대로 나아가는 일이 아니고 무엇인가?

우리의 우화 가운데 청개구리 이야기가 생각난다. 어미가 시키는 대로 하면 좋으련만 굳이 반대로만 하다가 마침내 어미가 죽고 나서야 그게 옳은 것을 깨닫고 비만 오면 눈물이 나는 때늦은 통한이 무슨 소용이 있겠는가?

불순종에는 재앙이 따르며 반드시 후회의 날이 오기 마련이다. 애굽 땅에서 살아남을 자 없다고 단호히 말씀하신다. 그러나 그들은 선조들이 섬기던 "하늘의 여왕"(17절중)에게 분향하고 그 앞에 전제를 드리겠다고 한다. 하늘의 여왕이란 다산의 여신 아스다롯으로 메소포타미아의 '전쟁과 사랑의 고통'의 여신이며 헬라 신화에서는 비너스로 알려져 있다. 그들은 이전 그들의 역사에서, 므낫세 왕이 다스리던 때는 이방신의 숭배를 장려해서 나라가 평안하고 번영했는데 요시아 왕이 이방신을 없애고 개혁정책을 씀으로 불행이 왔다는 사실을 앞세워 이방신이 어떠냐는 식으로 대들고 있다(17-18절). 하나님의 뜻을 진정 모르고 단편적으로 사건을 이해하는 지극히 세속적인 태도가 아닐 수 없다.

예레미야는 이러한 그들에게 하나님이 그들의 악행을 더 이상 볼 수 없어 오늘의 황폐가 온 것이라고 대답한다. 그들의 이전 역사 이해가 잘못 되었음을 말하고 이를 물리치고 있다. 곧 이방신이 그들에게 재앙을 가져온 근원임을 입증해 준다. 그들이 지금 굽히지 않고 하늘의 여왕에게 분향을 하겠다는 것은 필연적으로 하나님과의 관계가 단절되고 "다시는 내 이름을 부르며 주 야훼의 살아계심을 두고 맹세하노라 하는 자가 없다"(26절)는 것이다.

살아 계신 하나님을 부정하는 막다른 지경에 온 것이다. 그래서 하나님은 더 이상의 어떤 구원의 손길을 내밀 수 없다. 오히려 복 대신 재난을 내리며 유다의 모든 사람이 칼과 기근에 망하여 멸절된다고 한다. 모든 화근은 그들 스스로 자초한 것이니 무엇을 탓할 수 없다. 이렇게 된 것은 온전히 그들의 책임이다.

이 말씀은 실제로 바벨론이 주전 568년 애굽을 침공함과 함께 이루어진다. "내가 너희에게 재난을 내리리라 한 말이 반드시 이루어질 것"(29절하)을 확증한 것이다. 사람이 어디로 피하겠는가?

피하는 방법이 있다 하면 순종으로 피하는 방법이다. 애굽까지 가서 그런 창피를 다 당하고 남은 것은 무엇인가? 처음부터 순종하는 방법보다 나은 것은 없다.

바룩의 위안

예레미야 45

예레미야를 수종하는 바룩에게 임하는 하나님의 말씀이다. 바룩은 열심으로 선지자 예레미야를 따라 다니며 선생으로부터 전해지는 말씀을 기록하는 서사였다. 오늘로 치면 개인 비서 격에 해당한다고 할 것이다. 유명인을 수종 들면서 나중에는 선생의 유업을 이어 받는 경우가 참 많다. 생각해 보면 유명한 정치가, 운동선수, 음악가, 예술가, 공예가 할 것 없이 선생 밑에서 불목하니부터 시작해서 심부름하다가 마침내는 선생보다 더 큰 사람이 되는 경우가 얼마나 많은가? 청출어람(靑出於藍)이란 말도 그런 맥락에서 나온 말이다. 그래서 좋은 선생을 만나는 것은 그의 인생을 결정하는 데 아주 중요한 역할을 한다.

옛말에 '목장즉폐 인장즉덕'(木長則蔽, 人長則德)이라는 말이 있다. 뜻인즉 '나무가 크면 가리지만 사람이 크면 덕을 본다'는 말로 큰 나무 밑에 있으면 가리우나 큰 사람 밑에 있으면 덕을 보니 얼마나 좋은가? 바룩이 바로 이런 입장에서 예레미야를 따르면서 여러 가지를 기대했을 것이다. 선지자의 말을 수긍해서 새로운 세상이 오면 자기도 안정적인 위치에 서게 될 것이고 그래서 좋은 날을 맞을 것은 뻔한 것이다. 그런데 선생의 말씀처럼 점점 험악한 모습으로 치닫다가 이제는 막다른 골목에 이른 것처럼 되었으니 얼마나 실망스러웠을까?

예레미야가 그에게 전하고 있다. "바룩아, 이스라엘의 하나님 야훼께서 네게 이같이 말씀하셨느니라"(2절). 다름 아닌 바룩에 대한 말씀이다. 지금까지는 패역한 이스라엘 백성에 대해서만 말씀하시던 하나님이 바룩 자신에게도 전하시는 말씀이 있었던 것이다. 이전에 바룩이 하나님을 향해 탄식하는 말을 했었던 것을 상기시키고 있다. 하나님이 자기에게 고통을 더하시고 슬픔을 더하셔서 숨 쉴 틈조차 없고 도대체 평안이 없다고 한다.

그래서 하나님이 여기에 대해 말씀하시려는 것이다. "보라 나는 내가 세운 것을 헐기도 하며 내가 심은 것을 뽑기도 하나니 …"(4절 하)라고 하시면서 모든 것의 주관자이심을 상기시켜 주신다. 그런 하나님이 이제 뿌리째 뽑으려 하신다고 한다. 지금은 심을 때나 세울 때가 아니라는 말씀이다. 세우고 심는 때는 희망을 가지는 때이지만 헐고 뽑는 때는 절망의 때이다. 이 절망과 좌절을 이스라엘 백성이 만들고 말았다.

열심으로 선지자 예레미야를 따르면서 백성을 돌이키려 했지만 막무가내다가 끝내 뽑히고 말 지경에 다다른 것이다. 그래서 하나님은 바룩을 향하여 희망을 거두라는 것이다. "찾지 말라!"(5절). 아쉽게도 그에게 희망을 찾지 말라고 명하신다. 자업자득(自業自得)이 아닌가? 이스라엘은 그간의 하나님의 간절한 소망을 외면하고 스스로 살겠다고 딴 길로 갔고 이제는 그 모든 것에 대한 책임을 질 수 밖에 없는 딱한 처지가 되었다. 바룩도 이제는 더 이상의 그들에 대한 미련과 희망까지도 둘 수 없는 종착지에 다다른 것이다.

하나님의 이러한 마지막 선언에도 불구하고 그에게는 하나의 위안거리를 주신다. "내가 너에게 네 생명을 노략물 주듯 하리라"(5절 하). 전쟁에서 승리하면 전리품이라는 것이 따른다. 패한 자는 전리품은 고사하고 생명도 부지할 수 없는 전무의 상태에 이르나 승전한 사람들은 진 사람들의 모든 것을 차지하는 것이 옛 전쟁의 풍습이다. 그런데 바룩에게 주어지는 하나님의 작은 선물은 그의 생명의 보장이다. 그도 패전한 사람들과 한 편이었지만 그러나 그에게는 전리품이 주어지듯 생명을 주신다. 마치 승리한 사람이나 된 듯이 말이다. 작은 위안이 아닐 수 없다. 온 누리에 하나님의 심판으로 죽음뿐인데 그 생명을 보장받는 것은 작지 않은 행복이다. 비록 그의 당초의 희망은 사라졌지만 하나님의 일을 하는 자로서 위로를 받고 있다고 하겠다.

바룩, 그는 예레미야를 정성으로 보필한 동역자적인 사람이라 본다. 그가 해온 보람이 민족의 소생으로 나아갔으면 좋으련만 형국은 달라지지 않고 하나님의 사람들을 통절하게 했다. 바룩의 수고를 생각하며 바른 일에 종사하는 사람들이 결코 버려지는 일이 없음을 다시 한 번 깨닫게 된다.

애굽에 대한 심판

예레미야 46

46장은 지금까지와는 달리 이방민족에 대한 하나님의 심판의 말씀이 나온다. 따라서 1절의 "이방 나라들에 대하여 선지자 예레미야에게 임한 야훼의 말씀이라"는 말은 여기서부터 51장까지 해당하는 서두라고 할 수 있다. 이 부분은 앞부분과 달리 일정 기간 독립적으로 전승되다가 어느 시기에 합해졌으리라 생각된다. 이 장들의 많은 부분이 훌륭한 시들로 구성되어 있다는 점이 특징이다.

46장의 첫 부분(3-12절)은 여호야김 제4년으로 되어 있다. 그리고 두 번째 부분(14-24절)은 느부갓네살의 침공에 따른 애굽의 공포를 묘사하고 있다. 먼저 애굽은 갈그미스에서 바벨론 왕에게 패하고 만다고 한다. 때는 주전 605년으로 티그리스강 상류지역인 갈그미스에서 일어난 전쟁을 말한다. 애굽왕 바로 느고는 팔레스틴 지역의 패권을 유지하기 위해서 바벨론 세력을 견제하려고 바벨론을 대항하는 앗수르를 도우려 했던 것이다. 각자 다른 속셈이 있겠지만 우선은 바벨론을 대항하는 일에서 합세해야 했던 것이다.

이러한 애굽의 속셈을 알아차린 예레미야는 그들에게 예언하고 있다. 먼저 예언자는 환상 속에서 애굽의 군대의 요란한 소리를 듣고(3-4절) 하나님의 말씀을 전하는데 5-6절의 말씀대로 애굽이 패퇴당한다고 한다. 제아무리 날래고 드세도 "넘어지고 엎드러진다"(6절하)고 한다. 애굽의 군대가 얼마나 무장이 잘 되어 있는가? 그래서 아마 그들은 헛소리라고 하여 듣지 않았을 것이다. 7절의 "강의 물이 출렁임, 나일 강이 불어남"은 애굽이 그만큼 강함을 나타내는 은유이다. 그런데 그걸 자랑할 자 누구냐고 묻는다. 지금 애굽의 군대는 애굽 사람들, 구스(에티오피아), 붓(리비아?), 루딤(리디아?) 등의 여러 민족들로 구성된 연합군이다.

그러나 아무리 별난 군대라도 야훼 하나님이 그날을 "원수 갚는 보복일"(10절)로 삼아 희생 제물로 삼으시겠다고 한다. 왜 원수 갚는 보복일일까? 이는 애굽이란 나라를 생각하면 근원적으로는 출애굽 때의 원수였고 가깝게는 바로 느고가 유대의 개혁자인 요시야왕을 죽인 원수인 것이다. 애굽은 이스라엘과 한 멍에를 도저히 맬 수 없는 나라다. 하나님이 애굽을 원수로 삼아 치는 날이 금방 다가온다고 예레미야는 예언하고 있다. 이 하나님의 계획 앞에서 애굽이 제아무리 강한 군대로 버틴다고 해도 견딜 수 없다.

당시 애굽은 의술이 고도로 발달했다고 한다. 그러니 길르앗에 가서 좋은 약을 가져다가 치료해보라고 하면서 비꼬는 말로 빈정대고 있지 않은가? 애굽의 땅, 믹돌과 놉과 다바네스 등의 중요한 땅이 침략을 당한다고 한다. "삼키우고, 쓰러지고, 넘어지고, 엎드러지고"(14-16절)라는 거듭되는 동사들의 표현은 패배에 대한 강조이다. 도저히 이길 수 없는 하나님의 확고한 계획이 드러나고 있다.

그래서 16절의 "우리 민족에게로 우리 고향으로 돌아가자"고 함을 볼 때 각 곳에서 온 용병 정예부대가 더 이상 견디지 못하고 자기 나라로 돌아가자고 한다. 바벨론의 느부갓네살은 다볼이나 갈멜

산처럼 우뚝 솟아 압도적인 세력으로 애굽을 치러 온다. 그러니 애굽은 "짐을 꾸리라"(19절)고 하여 도망할 수밖에 없음을 말하고 있다. 애굽은 자랑이 많은 나라이다. 수없는 신들을 섬겼다. 그래서 그들을 여러 가지로 비유해서 묘사하고 있다. 암송아지, 뱀, 황충 등의 산 생물들을 열거하며 그들이 섬기고 상징하던 것들을 붙여가며 그것들의 아무 쓸모없음을 상기하고 있다. 애굽은 황소 신 아피스를 섬겼고 권력의 상징인 뱀은 왕관에 장식된 것이기도 했다.

그러나 제아무리 자랑거리가 많아도 하나님이 보낸 "북쪽 백성의 손에 붙임을 당하리로다"(24절)고 한다. "노의 아몬"은 애굽의 중심되는 태양신으로 나일강을 따라 오늘의 룩소르 근처의 테베에 그의 가장 큰 신전이 있다. 이 아몬 신과 바로와 애굽과 애굽의 신들, 왕들을 모두 벌하시겠다고 하신다. 그것을 곧 바벨론 왕 느부갓네살의 손에 넘기는 것이다.

그러나 주전 568년의 느부갓네살의 침공으로 애굽이 완전히 망하지는 않은 것을 알고 26절의 하반절에 그 땅에 이전처럼 사람이 살 곳이 되리라고 한다. 그리고 이스라엘을 향해서는 위로의 말씀으로 끝맺고 있다. 이는 30장 10-11절의 말씀과 병행하는 것으로 민족의 장래를 희망적으로 보는 예언자의 생각을 볼 수 있다. 예언자의 모성애적인 모습을 보게 된다. 아무리 절망적인 상태에서도 자녀를 향하여 희망을 늦추지 않는 것은 어머니가 가진 근원적 성품이다.

예언자는 민족의 앞날을 향하여 좋은 날을 그리며 기원하는 것이다. 만사는 끝나는 지점에서 시작이 있기 마련 아닌가?

오, 블레셋이여

예레미야 47

예레미야는 이방에 대한 심판을 전하고 있다. 팔레스틴을 둘러싸고 있는 국제 정세가 급변하고 있는 상황이다. 기원전 610년 이후의 정세는 그야말로 쇠락하는 중 간지역을 누가 지배하느냐 하는 문제로 관심이 집중되던 때이다. 승리 아니면 죽음이라는 단순한 논리 앞에서 각국은 힘에 의한 패권을 절대적인 목적으로 삼는다. 본문의 이해를 위해서는 당대의 역사적 배경을 먼저 살펴야 할 것이다. 그러나 본문의 역사적 상황을 정확하게 이해하는 것은 쉽지 않다.

먼저 1절의 말씀은 이하의 말씀과는 달리 후대적 요소로 이해하려는 사람이 많다. 어떤 사람은 애굽의 바로 느고가 기원전 609년의 요시아왕을 므깃도에서 이기고 북으로 진격, 유프라테스 강 너머에서 승리하고 돌아와 팔레스틴 해안지역을 침략한 것으로 본다. 블레셋의 가사가 곧 그때에 습격을 당했다는 것이다. 그러나 이는 본문과 어울리기는 어려워 보인다. 북쪽의 세력이라면 역시 바벨론이라고 해야 무리 없이 받아들여질 것이다.

본문은 야훼의 말씀이 예레미야에게 임해서 전해지기를 "물이 북쪽에서 일어나 물결치는 시내를 이룬다"(2절)는 것은 북쪽 지방의 바벨론이 쳐들어와서 노도와 같이 휩쓰는 것을 비유하고 있다. 쓰나미처럼 "모든 것"을 삼켜 버리는 무서운 모습을 연상케 하고 있다. 그 땅의 모든 주민이 울부짖는다고 한다. 전쟁이든 자연 재앙이든 이러한 현상은 누구도 온전할 수 없는 것이다.

블레셋은 역사를 거슬러 올라가보면 아마도 기원전 14세기부터 '해양 민족'으로서 그리스 섬으로부터 소아시아와 동 지중해를 통해서 온 사람들로 보인다. 그들은 소아시아의 옛 히타이트 제국을 무너뜨리고 휩쓸어 마치 오디세이아의 오디세우스와 그 군사인 것처럼 행세를 했다. 마침내 그들은 동부 지중해 해안까지 내려와 시리아의 우가릿을 파괴하고 애굽의 람세스 3세 때에는 애굽을 공격하기도 했던 것으로 알려져 있다.

그러나 람세스 3세에 패퇴되어 일부 그룹이 가나안 지역의 지중해 해안에 자리 잡게 되었던 것이다. 거기서 현지인들과 어울려 블레셋이 탄생한 것으로 보인다. 블레셋은 주로 다섯 개의 도시가 연맹을 맺어 이루어진 나라(Pentapolis)이다: 아스글론, 아스돗, 에크론, 가사, 갓. 고대 역사가인 헤로도토스(Herodotus)에 의하면 느고가 므깃도에서 요시아왕과 전쟁을 한 후에 애굽에 이르는 사막의 변경인 가사를 정복했다고 한다. 이것은 한 역사가의 견해이지만 참고할 만하다고 하겠다.

이 장의 역사적 배경에 대한 설명은 단순하지는 않지만 앞에 언급한 것처럼 바벨론이 팔레스틴을 침입해서 블레셋 도시 가운데 몇을 진압한 기원전 605년 이후의 몇 년 간의 사건들과 관련이 있다고 해야 할 것이다. 곧 604년의 아스글론의 바벨론 왕 느부갓네살에 의한 파괴를 여기에 관련된 것으로 본다. 그때에 "군마의 발굽소리와 병거 바퀴가 진동하는 소리 때문에 아버지의 손맥이 풀려서 자기의 자녀를 돌볼지 못하리니"(3절)라고 한다. 아버지는 집안의 모든 사람을 보호하는 울타리이다. 그럼에도 그 자녀가 당하는 화를 전혀 손 쓸 여유가 없는 급박한 처지가 된 것이다.

그때는 블레셋이 동맹을 맺었던 해안 북쪽 도시 두로와 시돈도 아무 힘이 되지 못한다. 갑돌이라는 그레타 섬사람들인 동족도 유린당한다고 한다. 그러니 천지사방을 둘러보아도 도움이란 아무데도 없다. 그래서 "몸 베기"(5절하)를 하는 신세가 되고 말았다. 초상집의 가장 슬픈 모습을 언제까지 하겠냐고 한탄한다. "오호라 야훼의 칼이여 네가 언제까지 쉬지 않겠느냐 네 칼집에 들어가서 가만히 쉴지어다"(6절). 주목되는 말 "어느 때까지…"(5절하)와 "오호라… 언제까지…"(6절)는 예언자의 탄식으로 이웃 나라의 심판에 대한 선지자의 고소한 마음이 아니라 동정어린 마음을 드러내주고 있다.

47장은 블레셋 도시들이 북쪽에서 온 적의 손에 파멸하는 것을 가장 역동적이고도 생동감 있게 표현하는 시로 이루어진다. 특히 예레미야가 이웃 나라의 멸망을 이처럼 생생하게 그려줌으로 당시 하나님의 심판이 얼마나 확실한 것인가를 느끼게 한다. 하나님의 심판은 인간적인 어떤 조치나 방법으로도 피할 수 없는 엄연한 것이다. 참으로 안타까운 현실 앞에 인간은 그저 망연자실할 수밖에 더 무엇이 있는가?

그래서 매사는 사전에 사람들이 어떻게 하느냐가 참으로 중요한 것이다. 사후 약방문이니 사후 청심환이니 소를 잃고 외양간 고친다는 속담이 있다. 일 그르친 다음에 애쓴들 무슨 소용이 있느냐는 말 아니겠는가? 죽은 뒤에 청심환은 아무 소용이 없는 일이다. 오직 후회막급한 일일 뿐이다. 사람의 참된 지혜는 사후에 드러나는 법이다. 역사가 한 번 기울어지면 무엇으로도 막을 수 없다.

영웅호걸이 많기로 유명하고 대단한 사람들이 그리도 많았건만 로마 같은 대제국도 한번 기울지니 누구도 돌이킬 수 없었다. 알렉

산더가 그렇게 지략과 용맹이 뛰어나도 기울어질 때는 허무하게 무너지고 말았다. 조선이 망하고 고려가 망하고 신라, 백제, 고구려가 망할 때도 힘없이 망하는 것을 볼 수 있다. 만사는 다 때가 있는데 그 때를 선용하지 못하고 허송하면 아무것도 못하고 허망하게 사라지게 되고 만다. 하나님 앞에서 잘 살아간 세대를 유심히 보아야 할 것이다.

왜 그들은 흥왕하며 사는가? 그것을 본받아 나도 저렇게 살아야지 하는 분발심이 있어야 한다. 성경에는 하나님으로부터 많은 은혜 가운데 흥하는 사람들이 많이 있다. 그들처럼 꼿꼿하게 하나님을 순종하는 삶을 살아간다면 틀림없는 그들이 된다. 그들의 하나님이 나의 하나님이시기 때문이다.

모압 심판

예레미야 48

이스라엘의 주변 나라들은 대부분 이스라엘과 좋은 관계를 보여주는 경우가 드물다. 모압과의 관계도 오래 전부터 긴장 속에 지내왔다. 출애굽과 광야생활에 지친 백성으로 하여금 길을 내주지 않아서 더욱 힘들게 했던 일은 오래된 앙금이 아닐 수 없었다(민 22-24장; 신 23:4-5참조). 나라가 위기에 처했을 때에 선한 이웃으로 도와주기는커녕 망하기를 은근히 바라는 태도는 그들의 관계를 더욱 악화시키는 일이었다(왕하 24:2 참조).

그럼에도 모압이 망하게 되었을 때 선지자의 탄식의 말씀에서 그들에 대한 안타까움을 볼 수 있다. 적은 북쪽에서 물밀듯이 닥쳐오고 있다. 그로 인해 망하는 소리가 다 비유로 표현하고 있지만 정말 처절하기 그지없다. 그들은 "업적과 보물을 의뢰"(7절)하고 그들의 섬기던 신 "그모스"(7절)도 제사장이나 고관들과 함께 포로가 된다. 많은 전쟁의 준비도, 보물이 많은 것도 소용이 없으며 그들이 섬기던 신도 무력하기만 하다.

10절에서는 산문 형식으로 주해를 달고 있다. 즉 "야훼의 일을 게을리 하는 자는 저주"라는 경종을 하고 있다. 이전에 모압이 평안할 때는 마치 포도주를 오래오래 묵혀 찌꺼기는 가라앉고 잘 익어서 그 맛이 점점 좋아지는, 질 좋은 포도주가 되는 모습으로 비유하고 있다. 당시 모압에는 좋은 포도밭으로 유명했다고 한다. 그들이 정말 잘 알아들을 수 있는 비유의 말씀이다.

그런데 야훼께서 사람을 보내어 술을 옮겨 담고 그릇을 비우고 그 병들을 깨뜨리시겠다고 한다. 그 이유는 마치 이스라엘이 벧엘에서 금송아지를 의지하여 수치를 당한 것처럼(왕상 12:28-29), 모압이 그모스로 말미암아 수치를 당하기 때문이다. 10절의 말씀처럼 하나님을 의지하지 않고는 망하는 길 밖에는 없다는 말씀이다. 그들은 자신들이 잘났다고 외치는 사람들이었다. "우리는 용사요 능란한 전사"(14절)라고 말한다. 그래서 성읍은 사라지고 장정은 죽임을 당한다고 한다. 디본에 사는 모압의 딸들은 이제 그 영화에서 내려와야 한다. 모압의 수없는 도시들이 하나같이 파멸 앞에서 울부짖어야 할 판이다.

그래서 모압은 뿔이 부러진 황소와 같다고 한다(25절). 황소에 뿔이 없으면 무슨 위용이 있는가? 뿔은 구약적인 힘의 상징이다. 지금 모압은 뿔 없는 황소의 신세가 되었다. 모압이 이스라엘이 위기에 처해 있을 때 얼마나 고소하게 생각하고 그것을 즐기면서 비웃었던가? 이스라엘을 조롱하고 비웃은 것은 곧 하나님을 깔보고 비웃은 것과 다름없다. 그 벌을 이제 받아야 한다. "성읍을 떠나 바위 사이에 살지어다…"(28절)라고 한다.

그들은 "교만… 심한 교만… 자고, 오만, 자랑과 그 마음의 거만"(29절)으로 산 자들이다. 되풀이되는 말들은 하나같이 교만이 극에 달한 것을 보여준다. 하나님을 모르고 스스로 높아진 사람들은 그 뿔이 꺾이는 날이 온다. 교만은 인간이 갖기 쉬운 치명적인 독 가운데 하나라고 할 수 있다.

《논어》의 말 가운데 인상 깊은 말이 있다. '주공과 같은 아름다운 재예를 가지고 있다 해도 가사 교만하고 인색하다면 그 나머지는 볼 것이 없다(周公之才之美라도 使驕且吝이면 其餘는 不足觀也已니라:論語 泰伯章). 하나님께서 참으로 싫어하는 것이 인간의 교만 아닌가. 모압은 하나님을 모르고 교만하다가 화를 당하게 되었다. "기쁨과 환희가 옥토와 모압 땅에서 빼앗겼도다"(33절)라고 한다.

예언자는 아무리 남의 나라의 일이라고 하지만 모압이 망하는 것을 보고 마음이 편하지 않다. 그래서 "모압을 위하여 피리 같이 소리 내며 나의 마음이 길헤레스 사람들을 위하여 피리 같이 소리 내나니…"(36절) 하면서 착잡한 마음을 피력하고 있다. 온통 사방이 슬피 우는 소리들 뿐이다.

모압 위에 날개를 편 독수리 같이 그 도시를 움켜쥐고 파괴한다는 비유를 하고 있다. 모압은 "야훼를 거슬러 자만하였으므로 멸망하고 다시 나라를 이루지 못하리로다"(42절)라고 한다. 그들은 하나님의 백성 이스라엘을 적대하고 무시하고 시기하고 온갖 해를 가하여 하나님께 죄를 저질렀으며 스스로 잘났다는 극도의 교만 때문에 하나님의 도구인 북쪽의 적에게 파멸되고 만다.

본문에 대한 역사적 배경은 모압의 역사가 잘 알려져 있지 않기 때문에 확실하게 파악하기는 어려운 실정이다. 올브라이트(W. F. Albright) 같은 이는 주전 7세기 중엽에 아랍 부족이 모압과 인근 나라들을 침략한 사건과 관련을 지으나 본문의 배경과는 거리가 있는 것 같다. 오히려 바벨론의 느부갓네살이 주전 582년 모압과 암몬을 향해 진격하여 그들을 패괴하여 정복했던 것과 관련이 있다고 보아야 할 것이다.

어쨌거나 모압은 역사에서 퇴출당하는 비극적 패망이 이루어지고 만다. 한 나라가 망하는 것은 여러 가지 이유가 있겠지만 모압은 하나님을 무시하고 자신들의 신 그모스를 섬기면서 세상에서 기고만장한 태도로 살다가 하나님의 심판을 면치 못하고 역사에서 사라진다. 이전의 잘 나가던 세월이 인간적으로 예언자의 마음을 편치 않게 했을지 모르나 엄연한 하나님의 뜻이다. 하나님을 섬기는 겸손한 마음은 모두에게 평화가 아니겠는가? 더러 사람들은 세속의 욕망을 채우기 위해서 분별력 없이 달려가는 것을 본다. 과시하고 자랑하고 마침내는 교만하여 다시는 거둘 수 없는 자리로 떨어지고 마는 것들의 허무함을 일찍 알 수는 없는가?

그저 한 평생에 자랑할 것이 있다고 하면 하나님이고 십자가의 그리스도라는 궁극적 결론에 이를 때 진정 지혜 있는 생이 될 것이다.

주변국에 대한 예언

예레미야 49

먼저 암몬에 대한 예언의 말씀이다. 암몬은 요단 동편의 북쪽에 자리 잡은 나라이다. 예로부터 암몬은 이스라엘과 좋은 관계가 아니었다. 주전 733년 앗수르의 왕 디글랏 빌레셀이 북왕국을 침입하여 하솔과 길르앗과 갈릴리와 납달리 온 땅을 점령하고 백성을 앗수르로 잡아 간 사건이 있었다(왕하 15:29). 그리고 잇따른 북왕국의 멸망에 암몬이 진격해서 갓 지파의 땅을 차지하였다.

그들은 대체로 앗수르의 지배 하에 있었지만 반 자치적인 왕국으로 번영을 누려왔다. 그리고 이어서 앗수르가 망하자 독립하였고 주전 7세기 후반과 6세기 초에 모압과 비슷한 신세가 되었다. 아마도 주전 605년 경에 느부갓네살이 팔레스틴에 침입했을 때에 그에 항복했다고 볼 수 있다. 이는 유다가 주전 600-597년에 반란을 했을 때 암몬과 모압이 동맹했기 때문이다.

그런 사건이 있은 후 얼마 지나지 않아 암몬은 모압과 에돔을 멸망시킨 아랍족의 희생 제물이 되어 주전 6세기 중엽에 사라지고 만다. 이때가 대체로 유다 멸망 이전이라 할 수 있다.

그들은 본문의 말씀처럼 아마도 말감, 즉 밀곰이란 신을 숭배하는 사람들이다. 그들은 이스라엘이 망했을 때에 갓 지파의 땅을 차지했지만 이제는 그들이 망해서 이스라엘이 자기 소유를 되찾고 불법적 소유자들을 몰아낼 것이다(2절). 헤스본을 향해 울라고 하는데 헤스본은 암몬의 한 도시다. 대표적인 도시는 곧 그 나라를 말하는 것이다. 그래서 암몬을 향해 울라는 말이다. 4절에 그들이 얼마나 교만하게 굴었는지를 보여주고 있다.

암몬에 이어서 에돔에 대한 예언이다. 에돔은 지역적으로 모압의 남쪽에 위치한다. 그들은 에서의 후손이라고 한다. 그들에게 "도망할지어다 깊은 곳에 숨을 지어다"(8절)라고 한다. 도망하고 숨어봐야 소용없는 일이지만 비아냥조의 말로 종말이 이르렀음을 말하고 있다. "…네가 형벌을 온전히 면하겠느냐 면하지 못하리니…"(12절). 계속해서 이어지는 말은 그들의 멸망이다. 하나님의 진노의 잔은 예루살렘과 유다였는데 이제는 진노의 술잔을 에돔이 마실 수밖에 없음을 말한다. 그래서 "그 성읍이 영원히 황폐하리라"(13절하)고 한다. 그들은 교만했다(16절). 교만의 상징이 독수리가 높이 그의 보금자리를 짓고서 누구도 범할 수 없다고 자신하며 사는 것처럼 에돔은 교만한 것이다.

교만한 자들을 보면 교만이 몸에 배어 스스로가 교만에 놀아나는 것을 모른다. 교만할 것이 없는데 착각에 빠져 교만하고 남을 업신여기는 잘못을 저지른다. 에돔은 그 교만 때문에 망한다. 그들은 소돔과 고모라와 이웃 성읍이 망한 것처럼 망한다고 한다. 그들에게 사자를 보내 숲의 온갖 짐승을 제압하듯이 에돔을 쫓아내고 택한 자 곧 느부갓네살을 보내 세우겠다고 한다.

이어서 다메섹을 향한 진노의 말씀이다. 하맛과 아르밧은 북 수리아의 도시로 그들이 수치를 당한다. 그래서 다메섹이 해산하는 여인같이 고통과 슬픔에 사로잡힌다고 한다. 성벽에는 불을 지르고 궁전도 불탄다고 한다.

28절 이하는 아라비아에 대한 예언이다. 바벨론의 느부갓네살을 향해 도시 국가인 게달과 하솔 나라를 황폐하게 하라고 한다. 그들이 가진 것은 집안의 가재들인데 장막을 빼앗고 양 떼를 빼앗으며 휘장과 모든 기구와 낙타를 빼앗으라고 한다. 절망적인 상황이 아닌가? 그 지역을 가보면 알지만 환경이 좋은 조건이 아니다. 모두가 가축을 키워서 열심으로 살아야 겨우 살만한 그런 건조한 지역이다. 그런데 그런 것들을 빼앗긴다면 살아갈 근거가 없게 된다.

마지막으로 엘람에 대한 예언이다. 엘람은 지역적으로 메소포타미아 동쪽에 자리하고 있다. 하나님은 그들의 힘이 되는 활을 꺾으시겠다고 한다. 하늘의 사방에서 바람이 오게 하여 그들을 사방으로 흩으시겠다고 한다. 그래서 도망가지 않은 나라가 없다고 한다. 하나님의 재앙이 그들에게 임하여 그들도 멸망하리라고 한다.

이상에서 이스라엘 주변국들이 하나같이 멸망의 길로 들어서는 것을 본다. 이스라엘이 망하고 그리고 주변의 가시 같은 나라들이 성할 줄 알았는데 심판은 전염병처럼 모든 나라에 임하는 모습이다. 개인과 나라 할 것 없이 하나님을 모르고 산다면 언제 하나님의 심판을 받을지 모른다. 하나님을 떠나 우상숭배하고 힘 있다고 교만하여 악을 행할 때에 두고 보시는 하나님은 결코 오래지 않아서 그 진노의 심판을 가하고 만다. 하루를 살아도 신앙과 하나님의 공의를 삶의 목표로 삼고 나아갈 때에 심판 아닌 복을 받게 되는 것을 성서는 여실히 보여 준다.

하나님은 만물을 창조하신 분이시다. 만물의 주인이신 분이 복을 줄 자와 거둘 자를 구분하여 시행하심을 확실하게 보아야 한다.

바벨론의 몰락: 망치를 버리다

예레미야 50-51

드디어 하나님이 쓰시던 "온 세계의 망치"(50:23)가 버려질 때가 되었다. 망치도 한 때의 소용일 뿐이다. 바벨론이 좋아서 하나님이 쓰신 것은 아니었지만 하나님의 백성을 바르게 인도하는데 긴요해서 썼던 것이다. 이제는 그 망치가 소용이 없는 시점이다.

예레미야는 "바벨론이 함락되고 벨이 수치를 당하며 므로닥이 부스러지며…"(2절)라고 하여 당시 세상을 주름잡던 거대한 나라, 바벨론이 쓰러진다고 한다. 그 자신이 "북방에서 오는 적"이었지만 이제는 또 다른 "북방에서 오는 적"에 의해서 망할 처지가 되었다고 한다(50:9, 41 참조). 역사의 흥망성쇠를 누가 마음대로 할 수 있겠는가? 알고 보면 다 역사의 주관자이신 하나님의 뜻에 모든 게 달려 있다. "야훼의 말씀이니라…"고 하면서 전해지는 모든 말씀을 겸손히 따르고 순종할 뿐이다.

예레미야는 32장에서 약속한 '영원한 언약'이 이스라엘 백성에게 주어지고 그들이 오랜 진노에서 풀려남을 전한다. "그들이 그 얼굴을 시온으로 향하여 그 길을 물으며…너희는 오라 잊을 수 없는 영원한 언약으로 야훼와 연합하라 하리라"(5절하)고 한다. 잃어버린 양 떼(50:17)로 비유되는 이스라엘이 세워지고 대신 지금까지 위세를 떨치던 바벨론은 흔적도 없이 산산조각 나는 종말을 예언하고 있다. "야훼의 진노로 말미암아 주민이 없어 완전히 황무지가 될 것이라 바벨론을 지나가는 자마다 그 모든 재난에 놀라며 탄식하리로다"(50:13). 이러한 예언이 주전 550년경에 쓰였다고 보는 브라이트(J. Bright)의 견해처럼 페르시아의 고레스 등장을 미리 알려주는 말씀일 것이다. 그들이 그렇게 되는 것은 단적으로 말해 "그가 야훼께 범죄"(50:14)하였기 때문이다. 그 범죄는 하나님께서 철저하게 보복하고 갚으신다고 한다.

반면에 이스라엘은 새로운 지위에 올라선다(50:44). "그날 그때에는 이스라엘의 죄악을 찾을지라도 없겠고 유다의 죄를 찾을지라도 찾아내지 못하리니 이는 내가 남긴 자를 용서할 것임이라." 이 말씀은 31장 31-34절의 새 언약에 대한 위대한 약속 말씀에 관한 것이다. 세계를 깨뜨리려고 바벨론을 망치로 썼는데 "그가 이스라엘의 거룩한 자 야훼를 향하여 교만"(50:29)하여 스스로 하나님인 양하다가 버려지는 신세와는 정 반대의 모습이다. 교만이라는 말이 수없이 되풀이되고 있다. 참으로 주의해서 들어야 할 말이다. 아무리 그들이 세계의 강자로 군림했어도 "만군의 야훼"(50:33)는 이스라엘의 구원자로서 막강하기에 그들을 위해 '거룩한 전쟁'으로 승리할 것임을 말씀하고 있다. 35절 이하의 "칼"과 "가뭄"은 히브리어로 자음이 똑같아 언어 유희를 써서 잔인한 일을 하실 것을 말하고 있다. 물이 많기로 유명한 나라에 가뭄이 덮쳐서 황량한 땅이 될 것이라 한다. 이제 바벨론은 온 세계가 취하는 금잔이라고 한다. 버려진 바벨론을 구하려 아무리 애를 써도 소용이 없다고 한다(51:9).

하나님은 이번에는 메대를 부추겨 바벨론을 멸하실 것을 말한다

(51:11). 실제로 후대의 역사를 보면 바벨론은 메대와 페르시아에 의해 무혈 항복하다시피 망한다. 하나님은 천지창조와 그 운행을 자유롭게 하시는 것을 언급함으로 땅에서 강자라 해도 한낱 검부러기에 불과함을 지적하고 있다(51:15 이하). 실로 하나님 외에 아무것도 힘이 없건만 그들은 헛것을 만들어 놓게 그를 숭배하며 믿어왔다. "우상은 거짓이요 그 속에 생기가 없음"(51:17)이라 하지 않는가?

그래서 하나님이 "아라랏과 민니와 아스그나스 나라"(51:27)를 동원하여 그들을 칠 것이며 메대 사람들을 불러 치게 한다고 한다. 이전에 이스라엘 백성이 느부갓네살에 당할 때에 그 설움은 말로 형용할 수 없었다. 그들이 흘린 피를 갈대아 주민에게로 돌아가게 해달라는 소원을 이제야 들으시고 보복하신다고 한다(51:34 이하). "바벨론 성벽은 무너졌도다!"(51:44하) 이스라엘 백성이 얼마나 바벨론에 치를 떨며 한이 맺혔던가는 성서를 보면 알 수 있다.

예레미야는 이 바벨론의 멸망 예언을 무려 두 장에 걸쳐 장황하게 언급하고 있다. 망하는 비유가 이루 말할 수 없이 다양하다. 예레미야는 온갖 필설로 그들의 멸망을 말하고 스라야에게 명하여 바벨론에 이르러 읽으라고 한다. 그들의 완전한 패망을 기록한 책을 다 읽어 준 후에 돌을 매어 유브라데 강 물속에 던지라고 한다. 이로써 예레미야의 예언을 마치게 된다.

이스라엘 백성의 철천지 원수인 바벨론이 영원히 강성하여 세계를 지배하며 살 것 같았지만 결국 하나님은 하나의 도구에 불과하게 쓰고 버리는 그 또한 딱한 신세를 면치 못함을 전하고 있다. 예언자가 전하는 모든 비유와 언설이 일일이 기억을 못해도 하나님의 백성을 괴롭히고 하나님을 알지 못하고 교만하기 그지없는 행동을 하다가 엄청난 보복을 전하고 있다.

그리고 이스라엘의 남은 자는 비록 하나님의 진노로 많은 고생을 했지만 결국 새로운 언약으로 다시 세워질 것을 약속받는다. 역사의 진실은 그 중심에 달려 있다. 현존하는 하나님만이 확고한 존재의 기반이다.

예언과 역사

예레미야 52

예레미야는 참으로 역사의 소용돌이 속에서 파란만장한 인생을 살았다. 누가 무엇으로 그의 인생을 위로할 수 있을까? 민족의 스러지는 운명 앞에 절망적인 감회 속에서 몸부림을 쳤으며 개인적으로는 행복이라고는 조금도 맛보지 못하고 한 생을 마감하고 있다. 예레미야의 예언은 사실상 51장에서 끝이 난다(64절 참조).

52장은 전체에 대한 부록과 같은 후대적인 역사적 서사부분이다. 이는 열왕기하 24장 18절-25장 30절의 내용과 일치하고 있음을 알 수 있다. 여기서는 예루살렘이 망하는 마지막의 한 부분을 설명하고 있다. 마지막 왕인 시드기야는 21세에 왕이 되었지만 왕의 지위를 제대로 누리지 못한 비운의 왕이다. 그는 여호야김 왕을 받아 악한 왕으로 평가를 받고 있다. 왕들의 평가에서 중요한 것은 그들의 생각과 행위가 하나님의 뜻을 얼마나 충실하게 따르느냐의 여부로 갈라지고 있다. 그의 관심은 아마도 급박한 정치 현실에서 하나님을 의지하기보다는 국제 정치적 세몰이였다.

27장의 언급처럼 그는 바벨론에 반대하는 동맹을 주도하고 하나님의 뜻을 외면하였다. 이에 바벨론이 가만히 있을 리 없다. 4절의 시드기야 제 구년 열째 달을 계산하면 대략 588년 1월 초순으로 본다. 바벨론 군사는 성을 에워싸 토성을 쌓았다고 한다. 바벨론이 성을 고사작전으로 몰아 굶어 죽을 지경에 이르게 한다. 6절에 기근이 심했다는 것은 그것을 말한다. 먹지 못하면 죽으니 마침내 성벽이 무너지고 왕은 야반도주를 감행한다. 그는 아라비아 지역으로 일행과 함께 달아나지만 결국 여리고에서 붙잡히고 만다. 그는 바벨론 왕이 진주한 리블라에 끌려가 심문을 받고 온갖 치욕을 당한다. 그 앞에서 아들들이 죽임을 당하고 신하들이 죽으며 자신도 눈이 뽑히고 쇠사슬에 묶여 바벨론으로 끌려가 옥살이하다 끝내는 죽고 만다. 너무나 안타까운 모습이 아닐 수 없다.

물론 역사가들은 바벨론의 이 사건을 하나님의 진노로 야기된 것으로 보는 데 인색하다. 바벨론의 사령관인 느부사라단이 예루살렘에서 성전과 왕궁을 불사르고 모든 집을 불살랐다. 그리고 성벽을 헐고 많은 사람을 사로잡아 가고 가난한 백성과 농부만 남겨두어 포도원을 관리하게 했다고 한다. 다시는 반란의 소지가 없도록 한 것이다.

전쟁의 과정이 그렇듯이 그들은 성전의 놋기구들을 바벨론으로 가져간다. 뿐만 아니라 금은의 모든 기구도 함께 가져간다. 성전과 궁전의 귀하고 값진 것들을 걷어 갈 뿐만 아니라 대제사장과 그 수하의 사람도 잡아 간다. 그들은 모두 끌려가서 죽도록 두들겨 맞는다. 나라가 망하니 성하게 남은 것이 하나도 없게 된 것이다. 느부갓네살이 거기에서 잡아 간 사람들은 모두 사천 육백 명이라고 한다.

그리고 여호야긴 왕이 일찍 잡혀 와서 옥에서 살다가 풀려나는 일도 언급하고 있다. 어쨌든 이렇게 예루살렘은 비참하게 종말을 고하며 마지막 시대의 사람들은 아무런 힘도 없이 강성한 바벨론에게 당하고 만다.

이 52장은 예레미야가 한 평생을 통해서 들려주는 말씀이 결코 헛되지 않고 역사를 통해 이루어짐을 확인이라도 하는 것처럼 그 멸망을 적나라하게 묘사하고 있다. 하나님의 말씀은 성취되고 또한 그 궁극적인 성취를 향해서 보이는 듯 보이지 않는 듯이 나아가고 있다. 전능하신 하나님 앞에 겸손하여 순종하며 하나님의 사랑을 소망할 일이다.

큰 역사적 사건을 통해서 보여주는 하나님의 뜻은 엄연하고 인간의 생각으로 무화(無化)할 수 없음을 명심해야 하지 않겠는가?

예레미야 애가

Lamentaions

哀歌

슬프다! 이 성이여

예레미야 애가 1

세상의 어떤 나라든지 흥망의 부침은 있지만 망하는 나라의 백성은 그 심정이 이루 형언하기 어려울 것이다. 삶의 근본이 무너지고 내일을 기약할 수 없으니 무엇에 희망을 가지고 버틸 수 있겠는가? 과거 우리도 구한말에 나라가 망할 즈음 수없는 우국의 지사들이 스스로 목숨을 끊고 자진하는 일이 얼마였던가? 그런 시대를 살아보지 않은 사람들은 그 심정을 제대로 알 수 없는 것이다. 나라가 붕괴되면 가정도 무너지고 수없는 유민이 생기고 떠도는 세상이 되어 정처 없는 사람들만 가득 차게 된다.

예루살렘은 유구한 역사를 자랑스럽게 지내왔는데 어찌하여 이처럼 허망한 도시가 되고 나라가 망하게 되었는가? 성을 향하여 슬프다고 하면서 어찌 이렇게 적막하게 되었냐고 한탄한다. 그래서 공주였던 예루살렘이 갈 바가 없는 과부가 되었다고 한다. 밤마다 눈물이 앞을 가리고 가까이서 사랑하던 자들 가운데 이제는 위로할 자가 하나도 없다고 한다. 그야말로 버려진 신세가 되었다.

잘 되어갈 때는 친구처럼 다시 없는 사이 같이 지냈는데 이 지경이 되니 썰물처럼 빠져나간 사람들이 예루살렘의 친구들이다. 배신과 분노가 차오르고 탄식이 그들이 하는 전부이다. 그래서 딸 시온의 모든 영광이 떠났다고 한다(6절). 예루살렘을 여성 의인화하여 "딸 시온"이라고 한다. 이는 지명에 관련해서 흔히 쓰는 말로 예루살렘 주민이나 예루살렘 성읍 등의 그곳에 사는 사람들을 통칭해서 말한다.

예루살렘은 대적자들의 손에 넘어가 옛날의 모든 즐거움이 한낱 기억의 편린에 불과함을 말하고 있다. 어찌 이렇게 되었는가? 그것은 다름이 아니고 단적으로 말해 "예루살렘이 크게 범죄함"(8절) 때문이라고 한다. 그 죄는 구체적으로 나오지는 않지만 하나님의 뜻을 불순종한 까닭이다. 그래서 예루살렘은 여인이 부정한 때처럼 되었고 벌거벗은 몸을 보이는 것처럼 수치스런 모습이 되었다. 그래서 만인이 보는 앞에서 우숩게 되었다. 누가 이런 수치를 당하고도 살아갈 힘을 잃지 않을 수 있을까? 성전이 모독을 당하고 성읍이 무너지고 불타서 마치 안방이 모리배들의 난장판이 되어 삶은 의미가 없게 되었다.

이 고난, 이 고통이 불순종하는 백성의 죄 때문이라면(12절하, 17절하) 무엇으로 희망을 삼을 수 있을까? 하나님께 버림받음이 그 원인이라면 해결도 하나님 없이는 불가능한 것이다. 그래서 시인은 하나님께 기대하는 모습을 보여주고 있다. "나는 비천하오니 야훼여 나를 돌보시옵소서"(11절하)라고 간구한다. 그들은 지금 얼마나 큰 고통에 시달리는가를 형용함에 마치 "술틀을 밟으셨도다"(15절하)라는 말로 비유하고 있다.

그들이 생활에서 흔히 보는 포도주를 만들 때의 커다란 돌절구에 포도를 쏟아 사람들이 들어가 한없이 밟는 것으로 비유한다. 짓이겨서 형체가 없도록 으깨는 행위가 그들이 당하는 고난의 현실이다. 얼마나 큰 고통의 연속인가? 누구라도 옆에서 그런 나를 위로하는 자라도 있었다면 얼마나 좋을까? 동병상련(同病相憐)이란 이런 때를 두고 하는 말이다. 함께 슬퍼하는 이웃이 없는 현실이 더욱 마음을 아프게 한다. 자꾸만 옆에 위로할 자가 없다고 탄식한다(17절). 그러기에 더욱 외로운 것이다.

이제 이런 고난 속에서 시인이 찾아야 할 길이 있다면 그것은 하나님 앞에 나아가 죄를 인정하고 회개하여 그분의 자비를 구하는 것이 유일함을 알았다. 시인은 실제로 그의 반역이 크다고 고백한다(20절하). 그 모든 고난의 원인이 자신의 죄악이라면 그 죄악을 떠나 하나님께 돌아오는 길 밖에는 다른 방법이 있을 수 없다. 사람들에게서 전혀 자신의 고난에 도움이 될 만한 것을 찾을 수 없을 뿐 아니라 오히려 그들은 조소하며 그 고통을 즐기는 자들이다. 어찌 남의 불행을 먹고 사는 자들이 아니라고 말하겠는가? 악한 자들의 자질은 악을 떠나 선을 행하는 일은 좀처럼 찾기 힘들며 오히려 남에게 불행한 일을 자신들의 행복으로 삼는 꼬인 심성이다.

그래서 시인은 사람에게서 위로자를 찾지 않고 하나님께 나아가는 길을 모색한다. 시인은 그들의 악을 다스려 달라고 간구한다. "그들이 나와 같이 되게 하소서"(21절 참조)라고 한다. 극심한 고통 속에서 자신들의 죄악을 인정하고 고통의 현실을 벗어나기 위해 온갖 몸부림치는 시인을 바라보며 연민의 정을 금치 못한다. 나라가 없으니 아프고, 성전이 없어서 분하고, 앞뒤가 막혀 고통의 현장을 벗어나려 해도 어디에도 비상구를 찾지 못하는 시인의 탄식은 처절하기만 하다. 역사적으로 주전 597년과 587년의 국망의 치욕을 절규하는 예루살렘 백성의 심정을 아픈 시선으로 바라보지 않을 수 없다.

하나님 백성의 불순종에 그처럼 큰 아픔이 따라오기도 함을 보면서 하나님의 뜻을 따라 사는 일이 얼마나 값진 삶인가를 새삼 느끼게 된다.

자녀들의 생명을 위하여

예레미야 애가 2

유다와 예루살렘의 재앙은 시인의 표현에서 보듯이 필설로 다할 수 없다. "슬프다"는 말로 시작되는 그의 탄식은 소름이 끼치게 한다. 이 재난은 어디서 왔는가? 다름 아닌 하나님이 내리신 진노의 심판이다. 하나님의 백성인데 그 백성이 저렇게 극심하게 심판을 받아야 한다면 그들이 지금 할 수 있는 일은 무엇인가?

"진노의 날에 그의 발판"(1절)을 기억하지 않으셨다. 발판은 언약궤이지만 성전이나 성전이 있는 시온 산을 가리킨다고도 볼 수 있다. 시온을 기억하지 않으시는 하나님의 두려운 모습이다. 성채를 허물고 지도자를 욕되게 하며 모든 이스라엘의 자긍심을 꺾으신다고 한다. 그래서 "시온의 장막에 그의 노를 불처럼 쏟으셨도다"(4절 하)라고 한다. 이로 말미암아 모든 거처와 견고한 성채가 화염에 휩싸이고 있다. 하나님이 불을 내시면 누가 끌 수도 없는 것이다.

이제 유다와 예루살렘은 초막도 없고 절기도 사라지며 안식일과 왕, 제사장도 없는 황무한 세상이다. 제단이 허물어지는 대신 원수들이 와서 활기찬 절기처럼 활개를 치는 난장판이 그들의 옛 터전이다. 그래서 성과 성벽이 통곡으로 휩싸여 있다. 그러니 무슨 선지자들이 하나님의 묵시를 차분히 받을 수 있겠는가? 그 백성을 향한 하나님의 관심은 완전히 사라졌다.

예루살렘은 완전히 초상집이 되어 울음소리만 있을 뿐이다. 참으로 한심하고 기가 막히는 것은 장차 나라를 이어갈 어린 아이들이 길거리에서 기절했다는 것이다(11절). 오늘이 없으면 내일이라도 있어야 하건만 내일마저 없는 절망 중의 절망이 아니겠는가? 시인은 이러한 예루살렘이 너무 안쓰러워서 그들을 위로할 말을 찾지 못함을 하소연하고 있다. 그들이 당한 파괴가 "바다"와 같다 하여 한도 끝도 없음을 말하고 있다.

이런 재앙이 오기 전 그들은 좋은 말만 듣고 거짓 평안에 허송세월을 보냈다. 세칭 선지자라고 하는 거짓 선지자들이 나서서 잘못되어가는 백성의 귀를 막고 더 잘못되게 했던 어처구니없는 일을 탄식하고 있다(14절). 죄를 죄로 드러내어 돌이키게 하는 것이 하나님의 종이 할 일이건만 오히려 더욱 미혹에 빠지게 한 그들이었다. 쓴 약을 주어야 병이 낫는데 달콤한 독을 들이부었던 것이다. 누가 독에 견딜 수 있겠는가? 이런 꼴을 보고 즐기며 좋아하는 자가 있었다. 예루살렘의 원수들이다. 망하여 고통당하는 것도 서러운데 이를 보고 박수치는 사람들을 볼 때 얼마나 견디기 힘들었겠는가?

시인은 그들을 위하여 권면하는 말씀을 전하고 있다. 18-19절에서 주를 향하여 부르짖기를 쉬지 말라고 한다. 먼저 마음을 주를 향하고 강처럼 물처럼 한없이 흘리는 간구를 당부한다. 특별히 "네 어린 자녀들의 생명을 위하여 주를 향하여 손을 들지어다"(19절하)라고 한다. 어린아이들을 생각하면 그들이야말로 무슨 잘못이 있는가? 그리고 그들은 예루살렘의 미래가 아닌가? 아무 잘못도 없는 그들이 조상들의 잘못 때문에 그토록 감당할 수 없는 큰 재앙에 희생당한다면 이는 원통하고 원통한 일이 아닐 수 없다.

허물 많은 그 백성들은 이제 자신들뿐만 아니라 특히 어린아이들의 장래를 위하여 하나님께 나와 마음을 바치고 생명을 걸고 부르짖어야 한다고 시인은 권하고 있다. 재앙 속에 허우적대는 사람에게 이보다 더 좋은 방법은 없을 것이다. 비록 과거는 지나갔지만 잘못된 과거를 뉘우치고 회개하여 어린아이들의 미래를 열어주는 길은 그들의 간절한 기도 밖에 없는 것이다. 그들이 할 수 있는 유일한 일이다. 자신들의 죄악 때문에 어린 아이들의 생명이 희생된다면 이는 최악의 재앙이다. 그래서 "네 어린 자녀들의 생명을 위하여"라는 커다란 명제를 놓고 결단하라는 권고를 한다.

우리나라의 역사에서도 국난의 처지에서 수많은 선각자들이 후손을 위해서 목숨을 바쳐 싸운 것을 생각하면 머리 숙이지 않을 수 없다. 그들이 있었기에 오늘의 우리가 있고 나라가 있으며 미래가 있는 것이다. 그 백성에게는 이제 후손의 미래를 놓고 통렬한 회개와 간구가 요구되고 있다. 그야말로 "주를 향하여 손을 들지어다"라는 말을 생명의 말로 들어 행할 때이다.

20-22절은 간구하는 내용이다. 고통의 정도의 심각성을 단적으로 표현하고 있다. 얼마나 지독했으면 성에 갇혔던 여인들이 자식의 육을 먹이로 삼았겠는가? 상상도 못할 일을 그들은 실제 행하는 비참한 지경이었다. 남녀노소와 지위고하를 막론하고 도륙을 당했다고 한다. 아이들마저 원수의 손에 희생을 당하는 처지에서 시인은 탄식하고 하나님께 호소하는 모습을 볼 수 있다.

그래서 인간이 할 수 있는 마지막 일이 있다면 그것은 당연히 하나님께 나아가 두 손 들고 회개하고 간구하는 일이다. 비록 하나님의 진노가 극심한 때에서도 그 백성의 할 일은 그분 앞에서 간구하는 것처럼 귀한 것이 없다. 기도할 수 있는 사람은 복 있는 사람이다. 기도는 진정 생명의 무기가 아닌가?

늦었어도 돌아가자

예레미야 애가 3

한 세상 살아가면서 잘못 없이 살아가는 사람이 어디 있을까? 여러 가지 허물 속에서 삶이 지나간다. 하나님의 백성도 사람인지라 여러 잘못이 있을 수 있다. 문제는 그 잘못을 어떻게 받아들이느냐에 있을 것이다. 이스라엘은 하나님 앞에서 불순종의 죄를 저지르고 심한 고생을 하고 있다. 부모에게 회초리를 맞는 아이의 모습을 보면 잘못한 것보다 측은한 마음이 때로 앞선다. 본문도 그런 이스라엘의 처지로 연민의 정을 자아내고 있다.

시인은 자신의 살과 가죽이 쇠하고 뼈가 꺾인다고 한다. 말할 수 없는 육신의 아픔이다. 그런 가운데서 하나님께 부르짖으나 그 기도를 물리치신다고 하소연한다(8절). 하나님은 웬만하면 들으실 텐데 고난당하는 자의 간구를 듣지 않으신다고 하니 얼마나 두려운 하나님의 모습인가? 사랑과 자비 그리고 두려운 하나님의 모습은 오직 우리가 어떻게 사느냐에 달려 있는 것이다. 누가 하나님을 두렵게 만들었는가? 하나님은 그런 분이 아니시다. 시인은 지금 하나님을 숨어 기다리는 곰과 사자 같다고 한다. 얼마나 무섭고 떨렸으면 그런 소리를 하겠는가? 그가 당하는 고통과 아픔은 이루 말할 수 없이 큰 것임을 계속해서 말하고 있다. 그래서 자신은 복을 내버렸으며 소망이 끊어졌다(17-18절). 그의 고초는 쑥과 담즙이라고 한다. 그래서 가장 견디기 힘든 말은 다 동원하고 있다.

그럼에도 또 한 가닥의 희망을 거두지 않은 것은 어쩔 수 없는 인간의 모습일 것이다. 야훼 하나님의 "인자와 긍휼이 무궁하시므로"(22절) 그분께 의지할 수 있다. 그는 결국 "그를 바라리라"(24절)고 한다. 결코 소멸될 수 없는 주님께 대한 소망을 언급하고 있다. 그가 아는 주님은 "주께서 영원하도록 버리지 아니하실 것"(31절)이다. 참고 견디는 인내야말로 유일한 길이라 확신한 것이다. 그것은 주님이 인생을 고생하고 근심하게 하심이 그 본심이 아니라는데 있다. 믿음이 없던 사람이 어떻게 이런 생각을 가질 수 있겠는가? 죄악의 심판 가운데서도 주님의 본심을 알고 다시 찾는 모습은 아직 그에게 소망이 있음을 보여준다. 절망 가운데서 위대한 깨달음을 얻은 것이다. 주님이 인생을 근본적으로 사랑하시는데 어찌 사람이 고통 가운데 사는 것을 기뻐하겠는가?

주님은 항상 사랑의 마음으로 우리에게 다가오신다. 그럼에도 사람의 고통은 "자기 죄들 때문에 벌을 받나니 어찌 원망하랴"(39절)고 하여 죄를 직시케 하고 있다. 화와 복이 다른 데 원인이 있는 게 아니라 내 잘못이라는 것을 인정하고 새 모습으로 나서야 한다.

옛말에 "화복(禍福)이 자취야(自取也)"라고 했다. 내가 취한 것이어서 내 책임이다. 특히 당시의 지도자들 책임이 크다. 정치를 하겠다고 나선 사람들이 백성을 편안하게 못함을 자신의 부덕으로 받아들이지 않고 아파하는 백성을 힘으로 누르려는 데서 걸주(桀紂: 夏나라의 桀왕과 殷나라의 紂왕을 아울러 걸주라 하는데 이들은 모두 포악무도한 왕으로 흔히 포악한 통치자를 일컬을 때 인용함)를 보는 것 같다. 민초들은 윗사람이 이끌기 마련이다. 위에서 솔선하여 하나님의 말씀을 따라서 살아가는 모습을 보이면 백성은 분발하게 되어있다.

시인은 "우리가 스스로 우리의 행위들을 조사하고 야훼께로 돌아가자"(40절)라고 한다. 가장 정확한 진단과 처방이다. 모든 원인이 거기에 있다. 그들이 그 고생에 든 것은 시인의 말처럼 "범죄와 반역"(42절) 때문이다. 그래서 지금은 "쓰레기와 폐물"(45절)이 되었고 파멸이 이른 것이다. 시인은 지금의 처지를 한없이 아파하며 "딸 내 백성의 파멸…내 눈에는 눈물이 시내처럼 흐르도다"(48절)라고 한다. 이제는 하늘의 하나님의 자비밖에 구할 것이 없다. 잘못은 천 번 만 번 말할 것이 없지만 그들은 하나님 앞에 얼굴을 들 수도 없고 아무것도 할 수 없어 대신 울고 있을 뿐이다. 그들은 지금 사람도 아니다. 짓밟히고 여기저기 차이고 그야말로 천덕꾸러기가 된 처량한 신세다.

갑자기 55절 이하의 절은 하나님이 자기의 기도와 부르짖음에 귀를 기울이시고 압제자들을 징벌하시기를 기원하고 있다. 자신은 비록 못나고 잘못한 죄인이지만 그래도 하나님의 백성으로서 압제하는 이방인을 볼 때 하나님께 소원할 수는 있지 않은가? 그러나 그 마음이 얼마나 염치없고 죄송한 마음이겠는가? 하나님은 염치없는 그 백성을 어떻게 하실까? 마지막에도 사랑과 자비는 버릴 수 없는 하나님의 마음일 것이다.

욥처럼 마지막 순간까지 그의 뇌리에서 하나님을 향한 끈을 놓지 않는다면 새날은 오고야 말 것이다. 모든 것의 마지막에도 참으로 필요한 것은 주를 바라는 시선이다. 혼미한 그 순간까지….

시온의 불행

예레미야 애가 4

역사상 패망한 나라에서 일어나는 일로 가슴 아프게 하는 일이 얼마나 많은가? 망한 나라의 백성은 사람의 대접을 받을 수 없다. 가까이는 이라크가 망했을 때 바그다드의 참상은 생각하고 싶지 않은 모습이었다.

그래서 나라마다 강한 나라가 되려고 얼마나 애를 쓰는가? 시온은 지금 그런 처참한 지경에서 허우적대는 것을 보여주고 있다. 이전의 성소에서 돌들 하나하나가 금과 보석으로 여겨졌다면 지금은 토기장이가 만든 보잘것없는 질항아리이다. 귀하고 보배로워 누구나 선망하던 도성이었는데 이제는 하찮은 흙 그릇처럼 되었으니 무슨 날벼락인가? 순금이 흙이 되는 그 허망함은 이루 말할 수 없다. 그들은 광야의 타조가 냉정하게 새끼를 돌보지 않는 것처럼 어린아이들을 돌아볼 처지가 못 되는 것을 한탄한다. 아마 제일 견딜 수 없는 일이라면 어린아이가 먹을 것이 없어 굶주리는 것이리라. "젖먹이가 목말라서 혀가 입천장에 붙음"(4절)은 먹을 것은 고사하고 마실 물도 없는 막다른 처지를 말하고 있다. 맛있는 것을 먹던 자들이 굶주리며 거리를 배회하고, 좋은 옷을 입었던 자들이 거름더미를 안았다고 한다.

이런 처지는 이전에도 없었고 누구도 경험하지 못한 처절한 것이다. 소돔이 비참했다고 하나 그들은 순식간에 함몰되어 잠깐의 고통을 맞았지만 지금 시온은 지긋지긋한 고통을 끝도 없이 견디고 있다. 그러니 이제는 손가락질 하던 소돔조차 부러워할 처지이다.

시인은 이전의 모습과 지금의 모습을 여러모로 비교해서 묘사하고 있다. "전에는" 존귀한 자들이 눈, 젖보다 희고 산호보다 붉어 그 윤택함이 청옥(7절)이더니 "이제는" 그 얼굴이 숯보다 검고 뼈가 막대같이 말라 비틀어졌다고 한탄한다. 시인은 풍부한 표현력으로 상황을 아주 적절하게 드러내주고 있다. 10절의 말씀은 차마 들을 수 없는 극한적 상황을 묘사하고 있다. 사람이 그렇게도 될 수 있을까 하는 생각이 든다. 배고파 미쳐버린 상황이 아니면 어떻게 자녀들을 삶아 먹을 수 있겠는가?

시인은 이런 참상의 원인을 먼저 선지자들과 제사장의 죄악으로 들고 있다. 선지자와 제사장은 시온 백성 중의 선각자들이다. 식자(識者)들이 바로 서야 나라가 방향을 바로 잡는데 그들이 오히려 그릇되게 나아갔으니 그 죄상은 크고도 놀라운 것이다. 선지자들은 불순종의 죄가 심화되어 위험이 다가오는데도 깨닫지 못하고 안일에 빠져 평안을 외치고 제사장들은 사회 정의를 외면하고 잘못된 재판으로 지탄의 대상이 되었다. "의인들이 피를 흘렸도다"(13절하)라고 한다. 의인들이 수난을 당하는 시대는 기대할 것이 없는 암흑의 시대이다. 그래서 하나님이 그들을 버렸으니 어디를 가나 대접을 받기는커녕 천덕꾸러기로 배척을 받는다.

이제는 눈을 애굽으로 돌린다. 예루살렘의 왕과 백성이 애굽을 구원자로 생각하며 기대했지만 이 또한 허무한 일이었다. 이제저제

하며 그들의 도움을 눈이 빠지게 기다렸건만 끝내 도움은 오지 않았다.

공자의 제자 가운데 자하(子夏)가 있는데 아들이 죽어 얼마나 울었던지 눈이 멀게 되자, 스승은 너의 부모가 죽었을 때 그렇게 울었냐고 꾸지람을 한 고사가 있다(곡자상명: 哭子喪明). 간절함이 실명에 이르는 비슷한 얘기이다. 예루살렘은 눈이 상하도록 쓸데없이 애굽을 의지하고 기대했지만 끝내 구원하지 못할 나라인 것을 알게 된다. 하나님의 백성이 어찌 하나님은 바라지 않고 애굽나라를 의지하는 어처구니없는 일이 있단 말인가? 하나님을 기다림이 눈이 상하도록 간절했다면 그들은 구원에 이르렀을 것이다.

더러 믿는 백성들이 나라를 위한 기도회를 한다고 모여 어느 나라 국기를 흔들어 대는 것을 본다. 참으로 통탄스러운 일이다. 시드기야 왕과 무엇이 다른가? 근본적인 도움은 결코 사람이나 무장한 큰 나라에서 오지 않는다는 사실을 명심해야 한다. 지도자나 백성이 허무하게 애굽을 기다렸지만 아무 소용없었고, 오히려 적(敵)이 하늘의 독수리보다 빠르게 산꼭대기에서 광야에서 그들을 붙잡으려 뒤쫓아 온다고 한다.

이 일은 특히 시드기야 왕이 마지막에는 왕궁을 버리고 도망가는 아라바 골짜기에서 일어난 사건을 연상하게 한다. 하나님의 뜻을 버리고 따로 꾸미는 일은 한 치도 용납되지 않는 것을 단적으로 보여주고 있다. 모든 일은 하나님의 계획에 의한 일이지 단순한 적들의 침입이 아님을 보여 준다. "우리의 콧김 곧 야훼께서 기름 부으신 자가 그들의 함정에 빠졌음이여…"(20절)라고 한다.

예루살렘이 이런 비극에서 고통당할 때에 이웃인 에돔은 즐기면서 바라보았다. 그들은 무언가를 착각하고 이웃의 아픔을 즐거워하고 기뻐했지만 그들에게 이제 커다란 화가 임함을 또한 말해주고 있다. 오히려 예루살렘은 그들의 죄악의 대가를 톡톡히 치렀지만 장차 회복될 것이요 에돔이야말로 이제 큰 화를 당한다고 한다.

모든 불행 앞에서 인간은 겸손해야 한다. 나에게 고통 없는 것은 감사한 일이지만 고통당하는 자가 있다면 위로하고 따뜻하게 감싸주는 것이 얼마나 좋은가?

아궁이처럼 검은 피부

예레미야 애가 5

다섯 번째 노래에 해당하는 본문은 예루살렘이 망한 후의 어느 때의 상황을 반영한다. 그런데 패망 직후가 아니라 7절의 말씀을 보면 한 사십여 년을 지난 때에 생긴 것으로 볼 수 있다. 시온 산이 황폐했다는 18절의 말씀을 보면 주전 520년 가을 성전 재건 작업이 준비되던 때라고 본다면 시의적절하다고 하겠다. 또 나라의 주권이 박탈당한 것을 탄식하고 시온의 중요성을 강조하는 것으로 보아 지역적으로 예루살렘이나 유다에서 유래했을 것이다.

시는 앞의 시들과는 달리 알파벳 시는 아니지만 그 숫자와 맞게 지어진 시이다. 시는 이스라엘 공동체 탄원(우리라는 표현들)과 그 회복을 갈망하는 내용이다.

1절은 야훼 하나님의 호칭과 함께 그들과 인격적인 관계로 맺어진 것을 상기하고 있다. 비록 그들이 죄의 심판을 이방인을 통해 받았지만 이는 관계가 남다른 하나님의 명예에 관련된 것이기도 하다. 자녀들이 미워도 못된 놈들에게 치욕적인 상태에 빠진다면 이 또한 견딜 수 없는 것이 부모의 마음이 아니겠는가? 아무리 미워도 자식은 자식이다. 부모가 매를 드는 것과 다른 사람들이 때리는 것은 다르다. 하나님은 이러한 호소에 더욱 견디기 어려웠을 것이다. 그들은 주권을 잃고 이방인에게 매달려 그들의 처분에 따라 사는 신세가 되었다. 그들의 재산이었건만 이제는 무엇이든지 돈을 주어야 사는 한심한 처지이다.

일제 강점기에 우리 땅에서 우리의 노동으로 얻은 쌀과 보리, 콩 할 것 없이 백곡을 모조리 그들이 걷어가는 것을 뻔히 눈으로 보는 심정은 어떠했겠는가? 그리고 가져다주는 것이 만주벌에서 나는 콩깻묵이었다. 주권을 잃은 백성들의 설움은 이루 말할 수 없다. 그 조상들이 한 때는 애굽이나 앗수르와 손을 잡으면 안전하리라 생각했지만 헛일이었다고 고백한다(6절). 그게 바로 조상이 지은 죄라고 이제야 고백한다. 기근은 말할 수 없고 영양 상태는 말이 아니다. 그 조상들은 다 사라지고 없으나 그 죄를 후손인 자신들이 담당하고 있음을 말한다(7절).

황폐한 땅에 돌아와서 정신을 차리고 과거를 회상하며 하나님께 새롭게 가기 위해 성전을 재건하는 마당에 하는 탄원이다. 8절의 "종들"은 바벨론의 하급관리나 용병들로, 그들이 유다인들의 지배자로 온갖 횡포를 부리지만 저항을 할 수 없는 처지이다. 또한 "광야의 칼"(9절)로 도처에 우글거리는 강도떼에 일용 양식이 위협받고 있다. 그래서 "피부가 아궁이처럼 검으니이다"(10절)라는 말로 그들이 얼마나 피폐했는지 알 수 있다.

"피골이 상접했다"는 옛말이 있건만 다른 말이 아니다. 살갗이 뼈에 바싹 달라붙었을 때 쓰는 말이다. 과거나 현재를 막론하고 어떤 처지에서는 그런 비극적 상황에서 살아가는 사람들이 있을 수 있다. 시온과 유다의 여러 곳에서 부인과 처녀들은 무차별하게 그들의 노리갯감으로 치욕당한다고도 한다. 장로들은 그들대로 힘들고 청년들과 아이들은 노동에 지쳐 스러지고 정의를 판단하는 노인들이 성문에 있지 않다고 한다. 성문에서 정의를 세워 사회의 기강을 세워야 제대로 된 나라가 아니겠는가?

그래서 기쁨이 슬픔이 되고 더 이상 춤과 노래가 없는 죽은 사회이다. 상상할 수 없는 세상이 난리를 겪은 예루살렘과 유다의 땅이다. 시인은 그들의 총체적 처참한 상황을 탄식하며 전하고 있다. 그 모두가 어디에서 온 것인가? "오호라 우리의 범죄 때문이니이다"(16절)라고 한다. 하나님 앞에서의 범죄는 걷잡을 수 없는 나락으로 그 백성을 떨어뜨리고 말았다. 한마디로 필설로는 다 못할 처참한 지경에 빠진 것이다. 시온에 여우가 어슬렁거린다는 것은 전통적으로 황폐가 극심함을 가리키는 표현이다.

이러한 상황에서 시인은 하나님을 찬양하며 그들의 회복을 기원하고 있다. 이는 시편 탄원시의 형식을 따르고 있다. 하나님은 영원하시며 그 권능 앞에 복속되지 않을 것이 세상에는 없다고 고백한다. 그런 신앙이 그들이 믿는 하나님이시며 소망이다. 지금 하나님이 잊으시고 외면하시지만 자신들을 돌이키시고 새롭게 해달라고 호소한다. 그들은 조상들의 태도와는 달리 하나님께 돌아가고 옛 모습을 회복하려는 강한 의지를 천명한다.

이제야 예레미야가 이전에 말한 갱신(새롭게 하심: 렘 31:31-34)의 도래가 이루어지는 것이다. 그들로서는 얼마나 긴 어둠의 터널을 돌아서 마침내 제자리로 새로 돌아오는 깨달음인가? 하나님의 백성은 그 품을 떠나 세상 어디에서 무엇을 찾으려 한다 해도 단맛을 보기는커녕 쓴맛만 지겹게 맛보고 제정신을 차려 옛 사랑으로 돌아가게 되는 것이다.

지금 여기서 내가 누리는 은혜와 사랑은 세상 어디에서도 얻을 수 없는 크고 놀라운 보배임을 깨닫는 지혜야말로 다시 듣는 신앙의 가르침이다.

예레미야여, 당신의 눈물이여

지은이 유행열
펴낸이 정덕주
펴낸곳 한들출판사
서울시 종로구 연지동 136-46 기독교회관 710호
등록 제2-1470호 1992

펴낸날 2011년 01월 10일 초판 1쇄 발행

E-Mail handl2006@hanmail.net
홈페이지 www.ehandl.com
전 화 편집부 741-4068~69
영업부 741-4070 FAX 741-4066

ISBN 978-89-8349-531-0 93230

* 잘못된 책은 바꾸어 드립니다.